アスリートのための

食トレ

栄養の基本と食事計画

立命館大学スポーツ健康科学部教授

海老久美子

池田書店

はじめに　身体がおいしさを知っていく計画

「運動する成長期の身体に食べ物の力を活かす」

こんな発想から始まって、この本は誕生しました。

「食べ物の力」というと、まず栄養素をイメージすると思いますが、それだけではありません。

食べ物の姿や色を見ると楽しくなりますね。これも食べ物の力です。トントントンと野菜を切っている音や、お肉を焼いているにおいがするとお腹が空いてきますよね。これも食べ物の力です。毎日何気なく接している食べものには、実は見逃してしまっている力がいっぱい含まれています。

こんな奥深い食べ物の力を、アスリート自身やアスリートたちを育てる方々に、この本でじっくりと味わってもらえたら、と思います

まずは、食べ物の持っている栄養と運動する身体の関係を確認します。次に、それをスポーツの年間計画に合わせたピリオダイゼーション（期分け）で考えます。そしてその代表となる１００種の食べ物それぞれのプロフィールを食材事典風に紹介し、さらにその力を日本の家庭料理のベーシックメニューで堪能できるように構成しています。

走った後の水がとても美味しく感じられるように、運動して、しっかりおなかが空いている身体は、一番美味しいものを味わえる権利を持っています。

美味しいという字は、口から末まで美しく、と書きますが、まさに本当の美味しさとは、口だけではなく、身体全体で美しく味わう感性です。そしてこの感性を育てることは、それぞれの環境と年齢に合わせた「食の自立」につながります。

食べさせられているだけては、強くはなれません。

同時に、一食、食べただけでは、強くはなれません。自分のタイムスケジュールに合わせた食事計画を立てたら、習慣にし、身体にリズムを作ります。競技のトレーニングと同じです。身体が理解し、慣れるまではちょっときついな、と思うこともあるかもしれません。でも、続けることで、体力がつき、「おいしいリズム」ができあがります。

この過程も味わってほしいな、という思いを「食トレ」というタイトルに込めました。

スポーツをがんばっているアスリートたちが、食べ物の力を自分の力として活かせるようになるお手伝いを、この本ができればとてもうれしいです。さぁ、おいしく食べて強いアスリートになりましょう。

最後に、この本の誕生に関わってくださったすべての方々に、心より感謝申し上げます。

ありがとうございました。

海老　久美子

contents

構成(本文):吉村 淳

準備期

試合期

オフ期

アスリートを育む食材100選

食トレスタンダードレシピ集

食トレ年間計画1

座学期

アスリートの身体を育てながら
狙った大会で実力を発揮するためには
時期ごとの適切な食事計画が必要
まずは、スポーツ栄養学と
食習慣の基礎を押さえる

座学期

運動する身体に特化した補給法 アスリートの食事の考え方

アスリートの食事は難しくない

アスリートの食事には、3つの意味があります。まず、**トレーニングによる身体作りをより効果的にするための**食事。そして、**試合にピークを合わせたり、競技に特化した能力を発揮するための**食事。3つめは、**スポーツによって起こりやすいケガや故障の予防と改善のための**食事です。

さらに、小学生から高校生のジュニア期のアスリートには、もうひとつの意味が加わります。それは、**成長期のアスリートの健全な成長を促しながら、アスリートとしての心と身体を整えていくため**の食事であることです。

食事というのは、食べ物を食べただけでは身体に何の影響も及ぼしません。こう書くと、不思議に思うかもしれませんが、食べたものを消化し、吸収することによって初めて、含まれる栄養素は身体の栄養となり、心と身体を進化させていきます。

食べ物というのは、思っている以上に複雑なものです。私たちが、日常的に食べているものには、必ず複数の栄養素が含まれています。サプリメントのように、特定の栄養素だけが含まれているわけではありません。複数の栄養素が含まれた複数の食べ物を日々ローテーションしながら食べることで、それぞれの栄養素が力を発揮し、摂れる栄養素の過不足も整ってくるわけです。

また、食べ物の栄養素の中には、ミネラル類のようにほんのわずかしか含まれていない栄養素もあります。しかし、この「ほんのわずか」が大切になってきます。食べ合わせや、毎日食べ続けることで、「ほんのわずか」が積み重なり、心と身体に意味をもたらします。逆にいうと、「ほんのわずか」をおろそかにすれば、マイナスが積み重なって、いつしか心と身体のどこかの歯車を狂わせたりもします。かといって、栄養素だけに期待していては、栄養素は力を貸してくれません。アスリートたち自らが、噛む力、内臓の強さも鍛え、食べ物に立ち向かう姿勢をとる必要があります。こればかりは、保護者や指導者の方が手助けするわけにはいきません。

そして、**忘れてはいけないのが、楽しさ。食事というのは、本来、楽しいものです。楽しさやおいしさの感動をどこかに置き忘れて、栄養素だけを追っかけたり、無理矢理食べさせようとしては、アスリートたちにとって、食べることがつらく、難しいものになってしまいます。**これでは逆効果。アスリートたちが楽しさを感じる食事風景になることを心がけてほしいと思います。もちろん、増量する場合などは、無理をして食べなければならない状況もありますが、体重増という結果や、試合での成果に結びつけば、食べることに楽しさを感じるようになるはずです。

アスリートの食事といっても、特別な食材は使いません。秘密の調味料もありません。決して、難しいものでも、手間がかかるものでもないのです。意識したいのは、いつどこで何を食べるか。アスリートにとっての食事と栄養補給の意味を考えるようにしていきましょう。

食トレ前のウォーミングアップ

自分とアスリートの傾向を知る

食生活チェックリスト

保護者・指導者用チェックリスト

1	朝食は毎日欠かさない	Yes	No
2	外食やコンビニ弁当より食事は手作りが多い	Yes	No
3	肉と魚を出す量はだいたい半々のバランスにしている	Yes	No
4	野菜は意識して多めにしている	Yes	No
5	大豆製品(豆腐、納豆など)は出すようにしている	Yes	No
6	乳製品(ヨーグルトや牛乳など)を1日1回は出す	Yes	No
7	栄養素や調理に興味がある	Yes	No
8	生魚を触るのは平気だ	Yes	No
9	メニューが同じにならないように工夫している	Yes	No
10	味付けは薄めを心がけている	Yes	No

Yesが10個

アスリートの食事や栄養を学ぶ基礎はできています。この基礎をさらに強固なものにしてから、知識や経験を上積みしていきましょう。

Yesが7～9個

このリストは実行するのがそう難しくないものばかりです。チェックできなかったことを習慣化していきましょう。

Yesが4～6個

チェックできなかったのが、調理面なのか食材面なのかを洗い出し、傾向がわかったら、そのクリアを目指しましょう。

Yesが0～3個

日常の食生活がかなり心配な状況です。一度にすべてができなくても、まずはこのリストを徐々に日常化できるようにしていきましょう。

食トレを始める前に、日常の食生活の傾向をチェックしてみましょう。
足りないものやできていないことがわかれば、方向性が見えてきます。

アスリート用チェックリスト

1	食べることが好きだ	Yes	No
2	朝食は毎日欠かさない	Yes	No
3	１日３食をだいたい決まった時間に食べている	Yes	No
4	好き嫌いは少ないほうだ	Yes	No
5	主食（お米やパンや麺類）はしっかり量を食べる	Yes	No
6	急ぎの時以外は早食いではない	Yes	No
7	食事中はゲームや携帯をいじらず食事に集中している	Yes	No
8	夜食はほとんど食べない	Yes	No
9	家の中でも定期的に水分補給している	Yes	No
10	お菓子はけじめをつけて食べる	Yes	No

Yesが10個
勝負の場に立つ基礎はできています。アスリート自身が、食事への意識が高いのでしょう。このままレベルアップに導いていきましょう。

Yesが7〜9個
マナーに関わる面のチェックができなければ、食べ方以前に直す必要があります。ともに考えながら、基礎固めをしっかりしていきましょう。

Yesが4〜6個
チェックできなかったのが、食事に関わることなのか、マナーのことなのかを把握して、直す方針を決めましょう。

Yesが0〜3個
習慣づいてしまわないように、早めの対策が必要です。できることを維持しながら、チェック漏れした点の大切さを確認していきましょう。

座学期

スポーツする身体のエネルギー源 糖質を整理する

炭水化物はいろいろなタイミングでエネルギー源となる

食べたものは全部エネルギーだ！　アスリートには、この勢いで食べてほしいところです。でも、彼らをサポートする保護者や指導者の方は、エネルギー源とはなんぞや？というところも頭に入れておいてほしいと思います。

エネルギー源とは、身体を動かすためだけではなく、人間が生きていくために必要な栄養素です。電化製品にたとえれば、電池の役割であり、車であればガソリンの役割です。

人間はみんな、エネルギー源がなければ生きてはいけませんが、アスリートは、一般の人に比べて運動量が多いので、より多くのエネルギー源を摂る必要があります。特に、ジュニア期のアスリートの場合は、身体自体の成長のためにもエネルギー源が使われるため、成長と運動の両方を満たすエネルギー源を確保しなければなりません。

人間のエネルギー源となる栄養素は、**タンパク質**、**脂質**、そして**糖質（炭水化物）**の３つです。タンパク質と糖質は、１gで約４kcal、脂質は、１gで約９kcalのエネルギーを生み出します。この数値だけを見ると、脂質の値が大きいですが、効率の面で考えると糖質に軍配があがります。

栄養素は、口から入ると複雑な消化吸収の過程を経ますが、糖質は、その過程の早い段階からエネルギー源として使えるようになるとともに、過程が進むにつれてもいろいろなタイミングでエネルギー源になってくれます。脂質やタンパク質は、過程の中のある段階でしかエネルギー源にはなってくれません。ですから、**糖質は、即効性のあるエネルギー源であるとともに、効率のよいエネルギー源**でもあるのです。

スポーツ栄養に関する本では、「エネルギー源である炭水化物を」とか「糖質でエネルギー補給」とか「でんぷんが

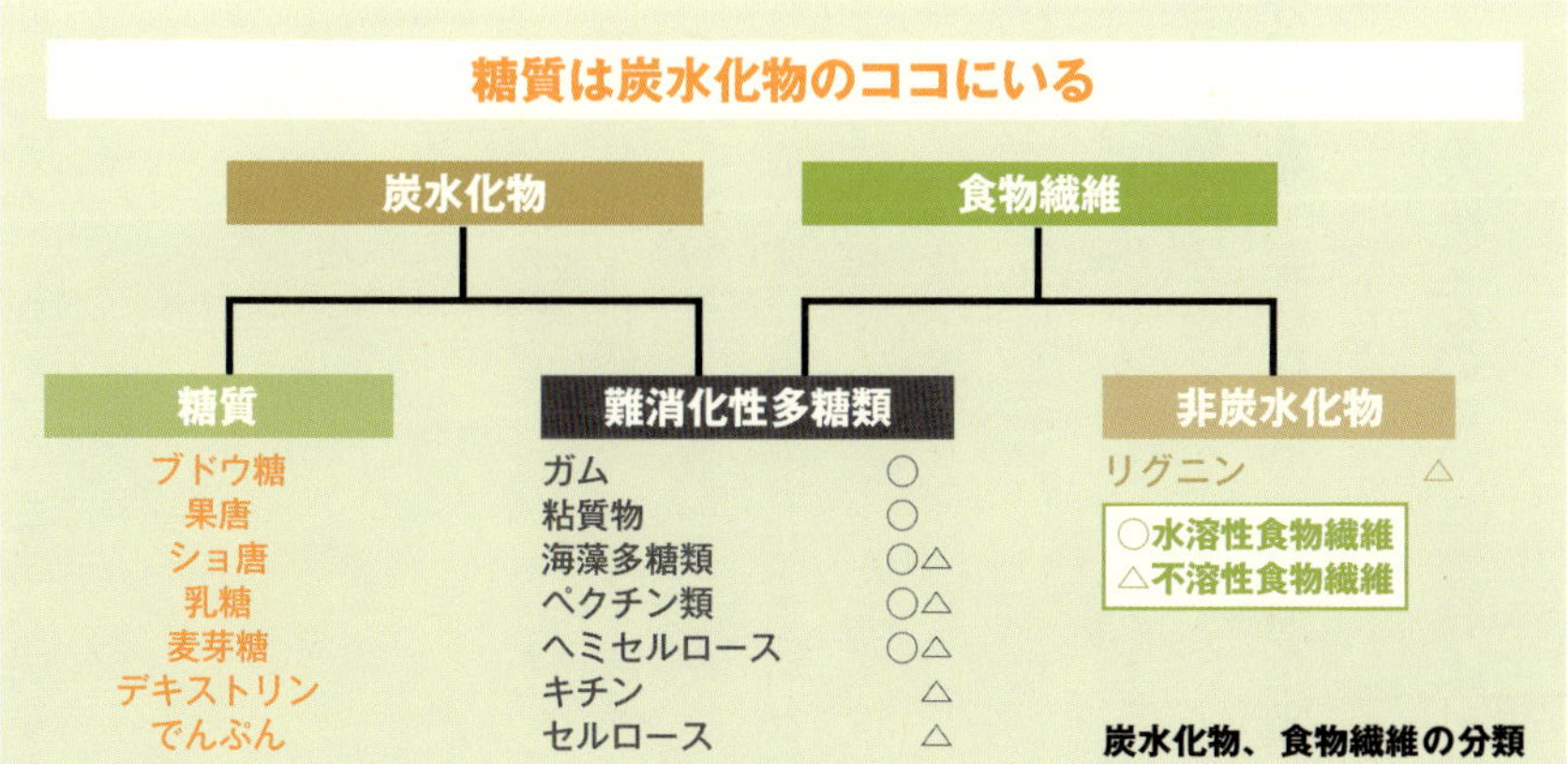

炭水化物、食物繊維の分類

エネルギー源になる」など、エネルギー源についてちょっと頭がこんがらがるような書き方をしていることが多いようです。ここで一回整理しておきましょう。

糖質は炭水化物の構成物質。でんぷんは糖質の一種

炭水化物というのは、糖質と食物繊維の両方を指します。そして、その糖質にはいくつかの形があり、そのうちのひとつがでんぷんというわけです。食物繊維は体内では吸収されず、エネルギー源にはならないので、「エネルギー源としての炭水化物」という場合は、糖質の部分を指すということになります。詳しく知りたい方のために、炭水化物の構成に関する表（P13）を載せておきます。細かい名前まで覚える必要はありませんが、これを見れば、ややこしかった関係性がわかりやすいと思います。

さて、**エネルギー源の核となるのが、炭水化物の中の糖質の部分**であることが整理できたところで、その糖質にもうちょっと迫ってみることにしましょう。糖質は、分子が1つの単糖類、分子が2つつながった二糖類、そして分子が2つ以上つながった多糖類に分類されます。

分子が1つだけの単純な形をしている**単糖類は、それ以上分解する必要がないので、消化吸収が素早くできます。**つまり、糖質の中でももっとも即効性のあるエネルギー源となります。ブドウ糖や果糖がそれです。分子が2つの**二糖類は、分子を1つずつに分解するので、単糖類よりは消化吸収にちょっとだけ時間がかかる**ことになります。

さきほど、ややこしさの原因のように名前を挙げたでんぷんは、分子がいくつもつながった多糖類です。消化吸収にはさらに時間がかかります。こう書くと「消化が悪い＝よくないもの」のようですが、**多糖類には、消化吸収に時間がかかるからこその強みがあります。腹持ちがいいことです。**多糖類は、単糖類や二糖類がエネルギー源としての役目を終えたあとに、あとからゆっくりエネルギー源としてはたらいてくれます。でんぷんを多く含むお米やイモを口の中でゆっくり噛んでいると甘味を感じてきますよね？　これはでんぷんの一部が口の中ですでに消化が始まって、甘味を持つ二糖類や単糖類に分解されているからです。

勘のいい方はここで「あ！」っと思ったことでしょう。糖質には、単糖類、二糖類、多糖類がすべて含まれています。ですから、前に書いたように消化吸収のいろいろな段階でエネルギー源として使えるわけです。

このように優秀なエネルギー源である糖質をしっかり摂るのに適した食べ物といえば、そう、さきほどのお米をはじめとする穀類。アスリートにおける上手なエネルギー源の食べ方は、あとのページで実践的に説明していきます。

スポーツ栄養のツボ

kcalってなんだ？

メタボなお父さん、ダイエット中のお母さんはもちろん、今やジュニア期のアスリートも普通に口にする「kcal（キロカロリー）」という単位。この単位の定義は「14.5℃の純粋な水1kgを15.5℃に高めるのに必要な熱量」のことです。食品の持つエネルギー量を測るのに使う単位です。概算では、7000～7200kcalを摂ると体脂肪が1kg増え、逆に、運動などをして7000～7200kcalを消費すると1kgの体脂肪が減るという計算になります。でも、これはあくまで概算。人それぞれで身長も違えば体重も違い、筋肉量や内臓の強さなども違っているので、一概にこうという明確な方程式はありません。人間の身体とはかくも複雑なものなのです。

17

座学期

スポーツする身体の材料 タンパク質に迫る

アミノ酸は チームワークではたらく

タンパク質とは、主に人間の身体の材料となる栄養素です。

筋肉、皮膚、髪の毛、臓器、そしてイメージしにくいかもしれませんが血液など、人間の身体の多くの部分は、タンパク質を主原料にして構成されています。人間の身体は、極めて複雑そうに思えますが、もとをたどっていくとタンパク質というひとつの栄養素が大きな鍵を握っているわけです。

タンパク質は、そのままでは人間は利用できません。**食べ物に含まれるタンパク質は、体内でアミノ酸に分解されて初めて使える形になります。**分解されたアミノ酸は、肝臓に蓄えられ、必要に応じていくつかが結びつき合ってタンパク質に再合成されて、体内の各所に送られていきます。つまり、**スポーツドリンクやサプリメントなどでよく目にするアミノ酸とは、タンパク質の構成成分のこと**で、一言でタンパク質といってもアミノ酸の結びつき方で形にも、はたらきにも微妙な違いがあります。

タンパク質の構成成分であるアミノ酸について、もう少し詳しく追いかけてみましょう。アミノ酸の数は、約20種類。そのうち、イソロイシン、ロイシン、リジン、メチオニン、フェニルアラニン、スレオニン、トリプトファン、バリン、ヒスチジンの9種類は、人間が体内で合成できず、食べ物から摂る必要があるので必須アミノ酸と呼ばれます。乳幼児において、アルギニンも必須アミノ酸の仲間に入れる場合もあります。

体内で合成して人間が自分で作り出せるアミノ酸は、非必須アミノ酸と呼びます。非必須アミノ酸は、意識して食べ物から摂らなくても大丈夫ですが、非必須アミノ酸も、種類によって大切なはたらきをします。

アミノ酸で覚えておきたいのは、必須アミノ酸は、上記の9種類がすべてバランスよく揃っていないと身体の材料としてうまく利用できないということ。

たとえば、9種類のうち、イソロイシンの量が少な

アスリートは必要量が高い

群	タンパク質必要量（g／kg／日）[a]
トレーニングをしていない男女	0.80～1.0
持久性種目（一流男子）	1.6
持久性種目（愛好者）[b]	1.2
持久性種目（健康づくり）[c]	0.80～1.0
フットボール、パワー系スポーツ	1.4～1.7
レジスタンス種目（トレーニング初期）[d]	1.5～1.7
レジスタンス種目（トレーニング中・後期）	1.0～1.2
女子選手	約15％男子選手より低くする

a：1日に体重1kgあたりに必要なg数
b：およそ週に4～5回、1回45～60分の中強度の運動
c：低から中強度で、1回30分、週に4～5回の運動
d：ウェイトリフティングなど

アスリートに必要なタンパク質量

出典（Tarnopolsky MA : Protein and amino acids needs for training and bulk up. Burke L, Deakin V eds, Clinical Sport Nutrition, 3rd ed, McGraw-Hill, Australia, P95, 2006. 一部改変）

ければ、他の8種類を十分に摂ったとしても、不足しているイソロイシンに足を引っ張られて、全体の利用効率が低くなってしまいます。アミノ酸は、チームワークではたらくというわけです。

「食事」は アミノ酸バランスも整える

この必須アミノ酸のバランスの良さを数値化したものが、アミノ酸スコア（プロテインスコア）です。9種類すべての必須アミノ酸が十分な量含まれていると、アミノ酸スコアは100になります。

100点満点となるとなかなか難しいのではないかと思うかもしれませんが、自然の恵みの中には、結構、満点な食べ物があるんです。たとえば、卵、牛乳、納豆、枝豆、魚ではあじ、かつお、さんま、ぶりなどのメジャーどころが名を連ねますし、肉も豚ロース、鶏、馬が満点を獲得しています。

ただ、いくら満点だからといって、アミノ酸スコア100のものだけ食べていては、味気ないものになるでしょう。いちいち調べて揃えるのも面倒です。でも、食事というのはうまくできているもの。たとえば、お米は必須アミノ酸の中でリジンが少ないのですが、納豆ごはんにすれば納豆でリジンが補え、アミノ酸スコアは100に近づきます。焼き魚や豆腐の味噌汁などもプラスすれば、1食のメニューの中で満点になります。**1回の食事にいろいろなメニューがあったほ**

うがいいというのは、栄養素のバリエーションだけではなく、タンパク質を効果的に摂るという意味もあります。

しかも、タンパク質は、1回の食事でたくさん摂っても身体は摂った分だけをうまく使うことはできません。その意味でも、とにかくアミノ酸スコア100の食材を並べればいいというわけでもありません。

1日3食の食事の中でだいたい1/3ずつタンパク質源を摂るように、食事だけではそう均等にいかないのであれば、足りない分を間食で摂るようにしていくと、身体はその材料を有効利用できるようになります。1日3食がいいといわれるのは、タンパク質を有効利用するために分割して摂るようにする意味もあるのです。

そして、**タンパク質を身体の材料にして成長するためには、きちんと眠ることが大切です。**人間は、特に成長期の子供たちの場合は、眠っている間に成長ホルモンが活発に分泌されて、身体は修復され、成長していきます。

ちゃんと食べたからといって、夜更かししていては、食べたものが無駄になりかねません。元気に食べて、静かに眠る。このメリハリもアスリートにとって大切なことです。

スポーツ栄養のツボ

タンパク質を手なずける

タンパク質には、異化作用と同化作用というものがあります。言葉は難しそうですが、意味は意外と簡単です。異化作用というのは、運動やストレスによってタンパク質が分解されやすくなること。同化作用というのは、分解された時にうまいタイミングで食事でタンパク質を摂ると、タンパク質を取り込みやすい身体になることです。

目指すのは、この同化作用を利用したタンパク質の摂り方。1日3食にプラスアルファの間食によって、トレーニング後にもタンパク質を分割しながらしっかりした量を摂ることで、アスリートの身体は、身体の材料であるタンパク質を有効利用できるようになります。

座学期

スポーツする身体のスタミナ源 脂質を理解する

1g約9kcalの効率のいいエネルギー源

脂質というと悪者のイメージを持っていませんか？

太る、体脂肪が増える、コレステロールが増える、生活習慣病の原因になる……。まるで摂らないほうがいいのではと思えてしまうほど、脂質はネガティブな捉え方をされがちです。

アスリートも、糖質もタンパク質もビタミンもミネラルも「きちんと摂りましょう」という方向でアドバイスを受けるのに、脂質に関してはたいがいセーブする方向になります。

しかし、脂質も、糖質、タンパク質と並ぶ三大栄養素のひとつです。脂質には、**人間が体内で作り出せない必須脂肪酸も含まれているため、脂質を一定量摂らなければ、運動以前に、人間は生体を維持できない大切な栄養素です。**

脂質の主な構成成分である脂肪酸は、ちょっと見慣れない漢字だらけになってしまいますが、大きく飽和脂肪酸、不飽和脂肪酸に分類でき、不飽和脂肪酸は、結合の仕方でさらに一価不飽和脂肪酸、多価不飽和脂肪酸に分類できます。飽和脂肪酸は、動物の肉に多く含まれ、一価不飽和脂肪酸はオレイン酸が代表例でオリーブオイルやナッツ類に、多価不飽和脂肪酸は、リノール酸、ガンマリノレン酸などが代表でサラダ油類に、また、魚の脂としてお馴染みのＥＰＡ（エイコサペンタエン酸）、ＤＨＡ（ドコサヘキサエン酸）も飽和脂肪酸の仲間です。

脂質のはたらきは、**ビタミンA、D、Eなどの脂溶性ビタミンの吸収を助けること、血液や細胞膜などの成分となること、貯蔵できるエネルギーとなること**、そしてこれが脂質のわかりやすい特徴ですが、**1gあたり約9kcalのエネルギー源になること**などが挙げられます。

炭水化物とタンパク質は、1gあたり約4kcalですから、脂質の1gで約9kcalはエネルギー源になるという意味においては、効率のよいエネルギー源になるといえます。食べ物から、アスリートに必要十分なカロリーを摂るためには、どうしても脂質の助けが不可欠です。脂質を摂る量をうまくコントロールすることによって、アスリートは、激しい運動に耐えるだけのエネルギーを得ることができるわけです。

人間が生きるために必要で、効率のいいエネルギー源でも

特に、飽和脂肪酸の摂りすぎに注意する

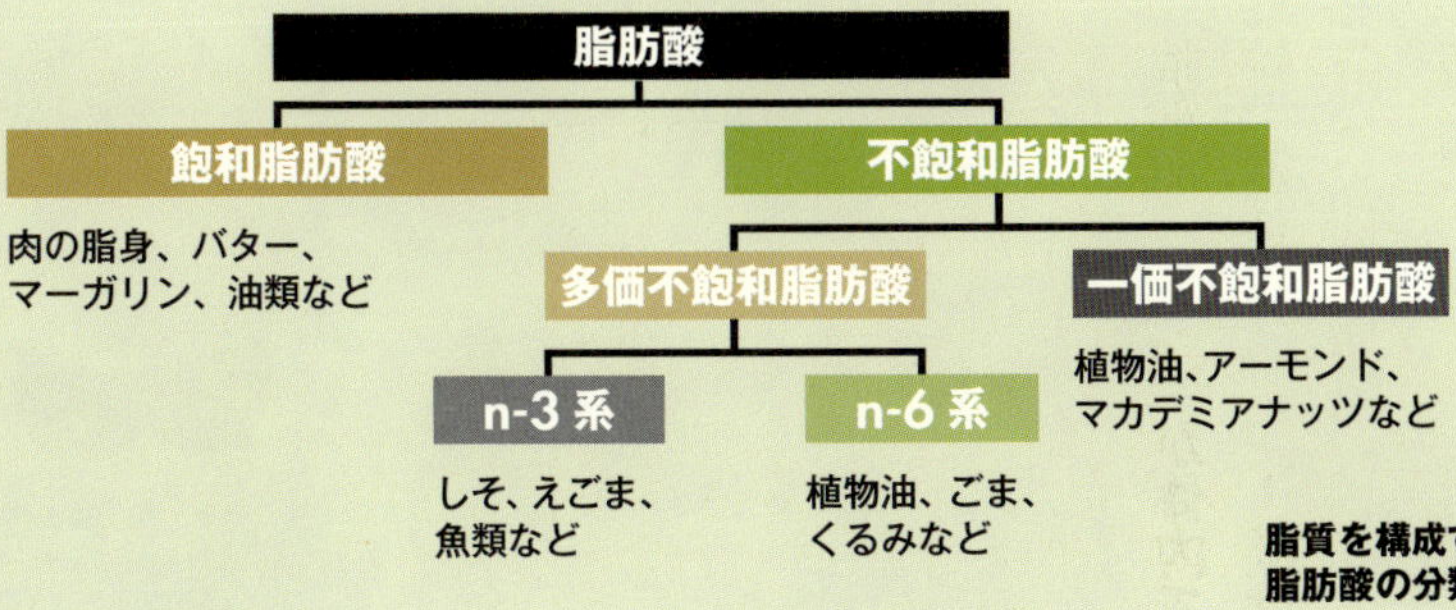

脂質を構成する脂肪酸の分類

ある脂肪ですが、運動中のエネルギー源としては、炭水化物ほど即効性はありません。脂質は、エネルギーとして利用できるまでに時間がかかるからです。しかし、強度があまり高くなく、**長時間にわたって動き続けるような有酸素系スポーツ**では頼りになる存在になります。

余れば溜まって体脂肪になる

脂質がネガティブに捉えられるのは、栄養素の中でも摂りすぎになる可能性が高く、しかも、摂りすぎた分は体内に蓄積されてしまうという性質によります。効率のいいエネルギー源であるだけに、少量でもカロリー過多の原因になりやすいわけです。しかも、肉類が代表的な例ですが、身体の材料であり、アスリートが積極的に摂りたいタンパク質の多い食べ物には、脂質も多く含まれる傾向にあるので、タンパク質だけを意識した食事をしてしまうと、知らない間に脂質の摂りすぎに陥りやすいのです。

摂りすぎた脂質は、体脂肪として体内に居座ることになります。体脂肪のコントロールは、ア

スリートにとって最重要課題のひとつ。必要以上の体脂肪は、パフォーマンスに大きく影響します。また、脂質が多い食事をしていると、エネルギー源の肝となる炭水化物をうまくエネルギーとして利用できなくなることもあります。これは、スタミナ不足に直結する問題です。

さらに、飽和脂肪酸の摂りすぎは、コレステロールの増加、中性脂肪の増加、血液の粘度の増加など生活習慣病の原因にもなります。ジュニアアスリートにとっては、ずいぶんと先の話のように思えますが、これらは摂りすぎが続いた結果です。子供の頃から脂質過多の食事をしていると、生活習慣病の症状が若いうちから出るリスクが高まることになります。しかも、脂質過多の食事は、それこそ習慣になりやすいものです。脂質をコントロールすることに、早すぎることはありません。

このように、脂質というのは、ちょっと扱いが難しいのですが、アスリートに欠かせないはたらきを持つクセ者のような栄養素です。**摂りすぎやすいものを摂りすぎないで、脂質のメリットを上手に利用する。このさじ加減ができた食事が「アスリートの食事」になるわけです。**

スポーツ栄養のツボ

固まる脂と固まらない脂

肉より魚をとよくいわれます。脂質の性質に差があることが理由のひとつです。魚の脂も肉と同じく1g約9kcalですが、水の中に住む魚は体温が人間よりかなり低いため、魚の脂は、人間の体内で凝固しにくいのです。

それに比べて、牛や豚などの哺乳動物は、人間より体温が高いので、牛や豚の脂は人間の体内では固まりやすくなります。この性質が、たとえば血液の粘度を高めてしまい、血流を悪くしたり、血中コレステロールを増やす原因になります。アスリートにとって、血流が悪くなるということは、酸素が全身に回りにくくなって、栄養素がうまく供給できなくなり、バテることにもつながります。肉も魚も大切な脂質源ではありますが、肉ばかりにならないようにしましょう。

座学期

スポーツする身体の調整役 ビタミン&ミネラルを把握する

ビタミン類は、三大栄養素も有効活用する

ビタミンとミネラルは、前述の三大栄養素のように身体の材料になったり、エネルギーになることはありませんが、**他の栄養素の利用効率をアップしたり、身体の機能を正常に保ったりするはたらきがあります。**ビタミンもミネラルも、人間は体内で作り出せないので、食べ物から摂る必要があります。

ビタミンは、13種類あります。脂溶性ビタミンのビタミンA、D、E、K、そして水溶性ビタミンのビタミンB_1、B_2、B_6、B_{12}、ナイアシン、パントテン酸、葉酸、ビオチン、ビタミンCです。一つひとつのビタミンのはたらきとどんな食べ物に含まれるかはP48の表を見ていただくとして、ここではアスリートがビタミンを摂る意味を確認していきましょう。

一般の人に比べて、アスリートは、酸素を多く取り込む必要があります。屋外競技なら紫外線にもさらされます。これらの状況は、体内に活性酸素という毒性のある酸素を発生させます。活

性酸素は、身体を錆びつかせ、老化を早めます。活性酸素の影響を受けるリスクの高いアスリートは、抗酸化作用のあるビタミンA、E、Cを一般の人以上に意識して摂って、活性酸素の害から身を守らなければなりません。

また糖質をうまくエネルギーに変換するためには、ビタミンB_1が必須ですし、脂質をエネルギー源として使うためには、ビタミンB_2のはたらきが不可欠です。

糖質を摂るために丼飯を食べたり、タンパク質補給のために肉を食べても、それだけではダメなんです。ごはんをたくさん食べたらビタミンB_1の多いものを、肉をいっぱい食べたら、ビタミンB_2の豊富なものを食べて初めて、食べたものが身体の中でうまく活用できるようになります。

また、ビタミンB群は、単体としてだけでなく、B群として複合的にもはたらくので、網羅的に摂ることが効果的です。

ビタミンが多い食べ物といえば、野菜や果物。野菜もちゃんと食べなさいといわれるわけは、単に野菜と

ビタミンのはたらきと主な供給源は48ページの表を参照

いう食材が不足しているだけでなく、食べたごはんや肉のためでもあるんです。アスリートたちにも、このシステムを説明すれば、肉ばっかりの食べ方を考え直すかもしれません。

ミネラル類は、バランスを崩しやすい

人間に必要なミネラルは、16種類あります。カルシウム、リン、カリウム、イオウ、ナトリウム、塩素、マグネシウム、鉄、亜鉛、銅、ヨウ素、セレン、マンガン、モリブデン、クロム、コバルトです。このうち、カルシウムからマグネシウムまでの7つが、ミネラルの中でも体内で必要量の多い主要ミネラル、残りは必要量が少ない微量元素と呼びます。それぞれのはたらきはP86の表で確認してください。

ミネラルは、協力作用と拮抗作用があるという特徴を持っています。協力作用とは、2つ以上のミネラルが協力し合ってはたらきが高まること。拮抗作用は、あるミネラルの摂取量が高まると、他のミネラルのはたらきを弱めたり、吸収を悪くしたりするというようなことです。

協力作用の一例は、鉄と銅。鉄は、赤血球のヘモグロビンの構成成分ですが、銅のはたらきによって鉄がヘモグロビンに合成されやすくなります。また、拮抗作用の一例は、リンとカルシウム。リンを摂りすぎると、カルシウムの吸収が悪くなってしまいます。ここでリンが多くなったことに対抗しようとカルシウムの摂取量を多くすると、今度はカルシウムとマグネシウムのバランスが崩れてしまいます。

このようにミネラルというのは、非常に微妙なバランスの上に成り立っている栄養素です。単純に、どれかのミネラルが足りないからそれを増やせばいいというものではないんですね。しかも、多くのミネラルには摂りすぎると害になる過剰症もあるうえ、ミネラルウォーターというものがあるように、水に溶ける性質を持っています。つまり、茹でたり煮たりと水で調理すると失いやすいのです。その一方で、ナトリウムやリンは、インスタント食品や食品添加物という形で日々の食べ物に紛れ込んできます。バランスを摂るにはやっかいな栄養素です。

ミネラルを、家庭内でできる限りいいバランスに近づけるには、月並みないい方になってしまいますが、偏った食事をしないことに尽きます。いろいろな食べ物を食べることで、いろいろなミネラルを摂ることができます。それを続けていれば、理想的とはいわないまでも、上出来といえるくらいにはミネラルの量とバランスは整ってくるでしょう。そして、機会があれば、スポーツ栄養士に食事診断をしてもらうと競技や体格を考慮したうえでの的確なアドバイスがもらえるはずです。

スポーツ栄養のツボ

多すぎる不安を打破するには？

2007年の国民健康・栄養調査（厚生労働省）によると、7歳から14歳の男女の結果を見た場合、不足気味なのがカルシウム、鉄、過剰気味なのがリン、カリウム、ナトリウム。上記のリンとカルシウムの拮抗作用が見事に当てはまってしまっています。アスリートの屋台骨を支えるには、この傾向は心配です。リンは、魚、乳製品、豆やナッツ類、そして加工品やインスタント食品に多く含まれます。ただし、牛乳などはカルシウムも多いのでバランス的にはいいといえます。

リンの過剰傾向を打破するには、野菜類の力がどうしても必要。ここでもまた野菜の出番。野菜を多く食べるということは、肉とのバランスだけではなく、ミネラルの調整にも貢献しているわけです。

17

座学期

計算され尽くした貴重な食事 給食と家庭食のいい関係を築く

残さないこと、お代わりすることが大前提

特に小学生や中学生アスリートの多くは、平日の昼食は学校給食になると思います。保護者や指導者の方は、給食を自分たちにはコントロールのしようのないものと、子供たちに任せっきりにしてはいないでしょうか。1日3食のうちの丸々1食分を担う給食は、アスリートにとって大きな意味を持つ食事です。ここでは、給食と家庭食のいい関係性について考えてみます。

給食というのは、管理栄養士や栄養士が、小中学生に必要なエネルギー量や栄養素の量、そして栄養素同士のバランスなどを細かく計算したうえでメニューが決められています。こんな貴重な食事は、大人でもなかなか食べられるものではありません。給食は、思っている以上に意味のある食事機会なのです。

エネルギーや栄養素の計算は、最初にお皿に載ったものをすべて食べることを前提にしていま

す。ですからアスリートにとっては、給食は残さないことが最優先事項になります。

そして、この計算は一般的な児童をモデルにしているので、それより圧倒的に運動量の多いアスリートは、これ以上のエネルギー量と栄養素が必要になります。そのプラスアルファを補充するのが、お代わりです。アスリートの給食は、お代わりすることも優先事項になってきます。

お代わりの部分を、アスリートに任せてし

学校給食はここまで綿密に栄養価を考えて作られている

区分	基準値			
	児童（6歳～7歳）	児童（8歳～9歳）	児童（10歳～11歳）	生徒（12歳～14歳）
エネルギー	560kcal	660kcal	770kcal	850kcal
たんぱく質 範囲（注3）	16g 10g～25g	20g 13g～28g	25g 17g～30g	28g 19g～35g
脂質	学校給食による摂取エネルギー全体の25%～30%			
ナトリウム （食塩相当量）	2g未満	2.5g未満	3g未満	3g未満
カルシウム 目標値（注4）	300mg 320mg	350mg 380mg	400mg 480mg	420mg 470mg
鉄	3mg	3mg	4mg	4mg
ビタミンA 範囲（注3）	130μg RE 130μg RE ～390μg RE	140μg RE 140μg RE ～420μg RE	170μg RE 170μg RE ～510μg RE	210μg RE 210μg RE ～630μg RE
ビタミンB_1	0.4mg	0.4mg	0.5mg	0.6mg
ビタミンB_2	0.4mg	0.5mg	0.5mg	0.6mg
ビタミンC	20mg	23mg	26mg	33mg
食物繊維	5.5g	6.0g	6.5g	7.5g

児童又は生徒1人1回当たりの学校給食摂取基準

（注1）表に掲げるもののほか、次に掲げるものについてもそれぞれ示した摂取について配慮すること。マグネシウム…児童（6歳～7歳）70mg，児童（8歳～9歳）80mg，児童（10歳～11歳）110mg，生徒（12歳～14歳）140mg　亜鉛…児童（6歳～7歳）2mg，児童（8歳～9歳）2mg，児童（10歳～11歳）3mg，生徒（12歳～14歳）3mg
（注2）この摂取基準は，全国的な平均値を示したものであるから，適用に当たっては，個々の健康及び生活活動等の実態並びに地域の実情等に十分配慮し，弾力的に運用すること。
（注3）範囲…示した値の内に納めることが望ましい範囲（注4）目標値…摂取することがより望ましい値
（注5）RE（レチノール当量）とは、レチノール量と、カロテノイドがビタミンAとしてはたらくときの換算量の合計
（平成21年文部科学省告示第61号より）

まうと、きっと好きなものに偏るでしょう。それではアスリートの給食の食べ方として失格です。

お代わりすべきは、一般の学生よりもずっと多く消費するエネルギー源と、そのエネルギー源を効率よく使ったり、摂った栄養素をスムーズにはたらかせたり、身体の機能を正常に維持するためなどに作用するビタミンとミネラル類を含んだ食べ物です。

エネルギー源といえば、この本の最初のほうでも触れた糖質です。ビタミンとミネラル類が豊富なのは、野菜や果物。特に男子アスリートは、肉に走って、野菜や果物が不足しがちになります。もちろん、肉や魚などのタンパク質源も、アスリートの身体の材料として必要不可欠な食べ物です。もし、朝食や夕食などで肉類が少ないようでしたら、肉や魚のお代わりも遠慮することはありません。

給食便りを活用して家庭でフォローアップ

学校によっては、給食時間が20～30分と短いところもあるようです。食事は、基本的には、よく噛んで食べることが一番なのですが、時間が短ければそうもいっていられません。食べきれなければ、それだけエネルギー量も栄養素も不足してしまいます。それは絶対に避けたいところ。どうしても時間がない場合、ちょっとお行儀はよくないですが、おかずをごはんにかけて丼スタイルにする。レタスなどの葉物野菜があれば、肉類はそれに巻く。主食がパンなら、おかずをはさんでサンドウィッチにするなど、いくつかの種類をまとめて食べる工夫もできます。この時、よく噛むことは忘れずに。

このような給食に対して、家庭食はどのような位置づけにすればいいか。**給食のメニューは、家庭では決められないので、先に給食メニューを見て、家庭での食事にその情報を活かします。給食便り、読んでいますか？** そこには通常、1カ月分の給食メニューとそこに含まれている食材、そして一部の栄養素の量が載っています。この情報を活かさない手はありません。

肉がメインの給食の日は、家庭食ではメインを魚にしたり野菜を多くする。揚げ物が出た日は、油をあまり使わない調理法にするなど、ちょっとした工夫で、給食と家庭食がお互いを補完し合う関係にするわけです。

また、給食便りは、保護者とアスリートの食に関するコミュニケーションツールにもなります。アスリートは、自分しか食べていないものを保護者に教えることで、食に対する自信を身につけるでしょう。旬の食材の確認もできます。食べることは楽しいことだと理解できれば、アスリートの食に対する意識は一気に高まるはずです。

スポーツ栄養のツボ

給食から家庭食のヒントを得る

保護者や指導者のみなさんが食べていた給食と比べて、子供たちの給食はかなり変わってきています。まず、米飯の比率が多くなっています。日本のアスリートのエネルギー源として、お米は優秀なものですから、これはうれしいことです。

学校によっては、その地方でとれた食材を積極的に使う地産地消のメニューや、世界各国の名物料理をテーマにしたメニューなど工夫を凝らした給食があるようです。これを給食だけにとどめてしまうのはもったいない。そこからヒントを得て、家庭食に活かしてみてはいかがでしょう。子供たちが普段は食べなかったものを食べた調理法や味付け、意外な好みがわかるかもしれませんし、家庭のレシピのバリエーションを広げるのにも役立つと思います。

17

座学期

アスリートのおやつに意味あり 補うために間食を活用する

低脂肪、必要な栄養素、手軽さ、携帯性

「間食はよくない」といわれることがあります。

しかし、よくないのは1日3食の間につまみ食いをするお菓子のおやつのことを指します。食事の合間にお菓子を食べてしまうと、きちんと摂らなければいけない食事の量に影響してしまったり、摂りたい栄養素の代わりにお菓子の糖質や脂質を余計に摂ってしまったり、キリなく食べることで内臓が休まるヒマがなくなったりするからです。

アスリートにとっては、間食は必須と考えてください。アスリートの間食とは、お菓子ではありません。1日3食では摂りきれなかったり、厳しい練習に備えたり、また練習後に体力や酷使した筋肉の速やかな回復のために、状況に応じて補う補食のことです。特にお菓子の虜になりやすい年代であるジュニア期や女性アスリートには、「アスリートの間食とは、お菓子ではなく、コンディショニングやパフォーマンスを発揮するための補食である」という意味を覚えてほしいと思います。

アスリートの間食を選ぶ際のポイントは、低脂肪であること。その時に必要な栄養素を含んでいること。そして、手軽に食べられることです。場合によっては、ここに携帯しやすいものという要素も入ってきます。

低脂肪であることは、まず、脂肪が多いと消化に時間がかかるため、運動の前後の間食には向かないこと。そして、1日3食の通常の食事をしていれば、脂肪が不足することは考えにくいので、間食としてまで脂肪の多いものを食べなくていいこと。間食として脂肪の多いものを食べてしまうと、そのあとの食事が食べにくくなることなどの面で欠かせないポイントです。

このポイントからすると、ハンバーガーやフライドポテト、フライドチキンなどファストフード系は、手軽に食べられますが、低脂肪からはほど遠いのではずれます。100%果汁やスポーツドリンク以外の、コーラ類やソーダ類の飲み物も、エネルギー源となる糖質を含みますが、期待できる栄養素がほぼ糖質に限られるのでこれもふさわしくありません。コーヒーや紅茶などは、カフェインを含む嗜好品の部類に入るので、息抜きの一杯にはいいですが、ジュニア期のアスリートの間食の中にわざわざ取り入れることはありません。

練習前は糖質、練習後はタンパク質

ここではジュニア期のアスリートが、間食として、どんな時に、何を食べればいいのかの目安を紹介していきましょう。

まずは、朝練のある日。小中学生だと朝練後に学校でものを食べるのが難しいので、できれば早起きして朝練の始まる2時間前くらいには普通の朝食を食べてほしいところです。でも、**ただでさえ早起きしなければならない朝練ですから、いくらなんでもつらすぎるということなら、少なくとも水分とエネルギー源は摂っておきましょう。**

おにぎりやパンが食べやすいでしょう。また、あんまんなども即効性のあるエネルギー源になります。そして、練習後に、あらためてエネルギー源とタンパク質が含まれる、たとえば鮭おにぎりやハムチーズサンド、肉まんなどを、ビタミンとミネラル類を補給するための100%野菜ジュースと一緒に摂るといいでしょう。高校生は、学校でも比較的食べやすいと思うので、食べるラインナップは同じで量を多めにしていく方向です。

授業が終わって、本格的な練習に入る前にも、エネルギー源は補充しておきたいところです。厳しい練習

練習の合間合間に間食を摂ってエネルギー源を補強する

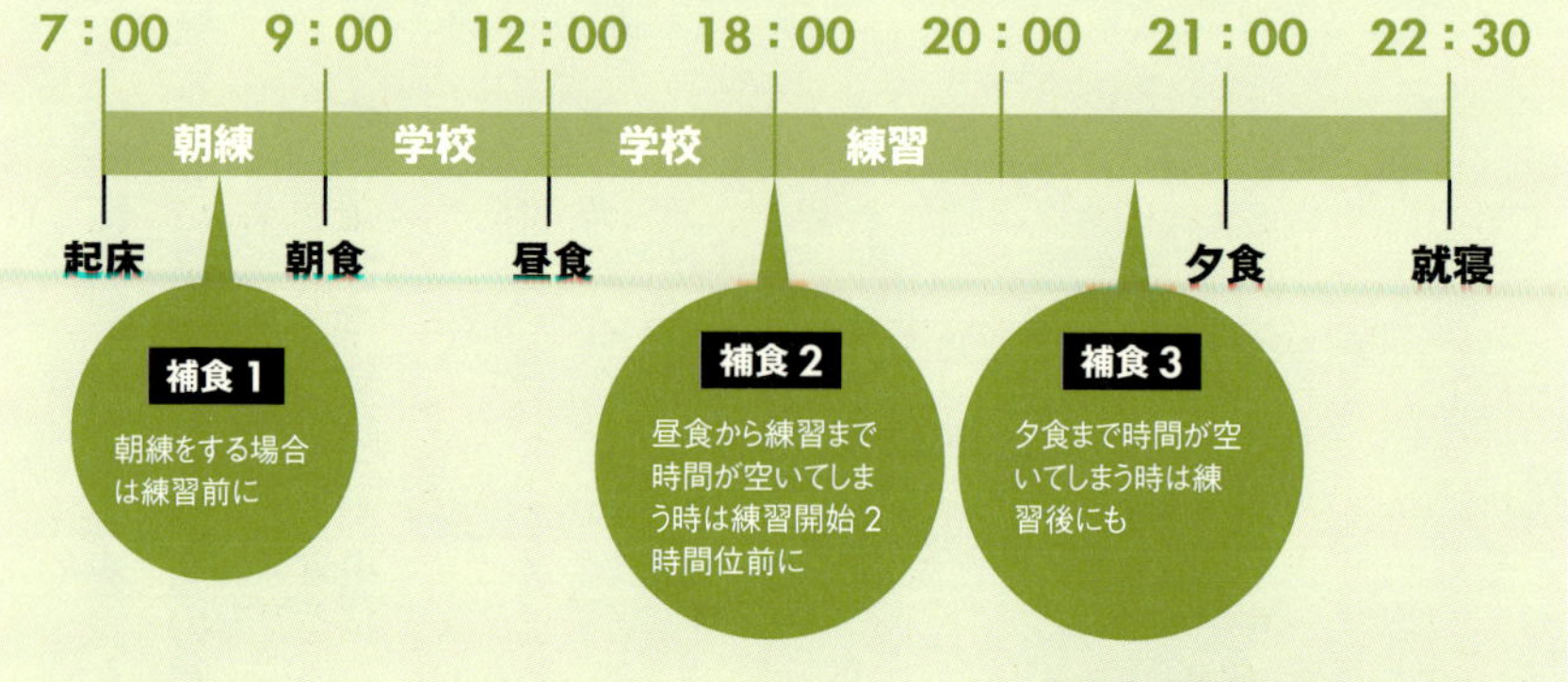

1日の中で間食を摂るタイミング

では、給食やお昼のお弁当で摂ったエネルギー源だけでは心許ないので、このタイミングでは、和菓子やフルーツなどデザート的な消化のよい糖質源でもOKです。毎回毎回、おにぎりだ、パンだといわれても飽きてしまうでしょうから。

練習後は、学校から家までが近くてすぐに帰れるのであれば、飲みものを補給をするくらいで、固形物を食べなくても大丈夫。家が遠かったり、練習後にもやることがあって、家に帰るのが30分以上あるようなら、ここで糖質とタンパク質源を摂って、身体のリカバリーを図りましょう。食べるのは、朝練後のラインナップと同じイメージです。

気をつけたいのは、間食を食べすぎること。間食、補食は、その名の通りあくまで食事の間であり、補うものです。食べすぎて、食事が食べられなくなってしまっては、本末転倒になります。間食とは、好物を食べるというより、意味で食べると考えてください。

スポーツ栄養のツボ

菓子パンの出番

「菓子」と名のつく菓子パンですが、練習前にエネルギー源をピンポイントで取りたい時には重宝します。パンの部分は、穀類の小麦粉からできていますし、菓子パンの代表的な中身であるあんこ、ジャム、クリームは、まさに糖質です。この3種類の中では、豆が原料のあんこを使うあんパンは、食物繊維が多めで、低脂肪低カロリーですが、間食としてひとつかじるくらいでは、それほど大勢に影響はないでしょう。

エネルギー補給には便利な菓子パンですが、食事と考えた時には、お菓子になります。糖質のみが際立って、他の必要な栄養素が極めて少ないからです。朝食にしても昼食にしても、主食が菓子パンになるのは避けたいところです。

座学期

便利さをはき違えないコンビニ&ファストフード利用術

意志と目的を持てば便利な補給基地

いくら食事に気をつけていたとしても、アスリートを引き寄せる誘惑があります。その筆頭ともいえるのが、コンビニとファストフード。おそらく保護者や指導者の方が思っている以上に、アスリートは出入りしているはずです。

ここまで日常に近い存在になってしまうと、禁止や極度な制限は難しい状況。ならば、出入りの機会をこれ以上増やさないようにしつつ、上手なつきあい方を考えてみましょう。**コンビニもファストフードも、目的さえしっかりと持てば、いざという時のアスリートの補給基地として便利な場所になります。**

コンビニが落とし穴になりやすい理由のひとつは、意志や目的もなく入れてしまうこと。ファストフードであれば、これを食べよう、これを飲もうという意志がなければ入りませんが、コンビニは、フラリと入れて、意志なくウロウロしていることが許されてしまう場所です。

とりあえず入ってみて、おもしろそうなものがあったから買う。食べるつもりはなかったが、そこにあったから食べてみる。本来、必要としていないものにお金や時間や、摂りたい栄養素が入るべきおなかの隙間を浪費しがちになります。大きな夢や野望を持ってスポーツに取り組んでいるアスリートには、こういう締まりのない姿勢は、カッコ悪いという意識を持ってほしいところです。

コンビニは、P32からの「アスリートの間食」を必要な時に必要なだけ手に入れるために、その名の通り「コンビニエンス（便利）」なお店になります。水分補給、エネルギー補給、リカバリーのための補給などなど。なるべく速やかに何とかしたい場合には、身近な存在になるはずです。

ただし、目的を持ってコンビニに入ったとしても、特にジュニア期のアスリートたちが「無傷」で店を出るには、年齢に対して相当強い意志が求められます。なるべく避けたい商品をピックアップしてみましょう。

まずは、お菓子類。間食のパートで書いたように、**アスリートの間食はお菓子を指しません。そして、レジ近**

スポーツ栄養のツボ

コンビニに潜むもの

コンビニでの人気商品であるおにぎり、手巻き寿司やサンドウィッチは、練習前後の間食として手軽ですし、温度管理がしっかりしている分、夏場などは自家製のものより傷みに関しては安心できる部分もあります。

ただ、包み紙に貼ってある成分表示を見てください。鮭とごはんでできているはずの鮭おにぎりや、ハムとチーズとパンのハムチーズサンドなど、シンプルなものにも乳化剤、増粘剤、ph調整剤など手作りではあり得ない成分が紛れ込んでいる場合があります。身体への悪影響はないだろうと研究結果に基づき、国が認めている成分とはいえ、よくわからないものはできるだけ身体に入れたくないもの。特に、成長期にあるジュニア期のアスリートにはそうです。シンプルな食べ物でも、選ぶ際には表示をチェックするクセをつけたいものです。

くにあることが多い揚げ物やソーセージなどの肉の加工品。アスリートの間食として、揚げ物や脂肪の多いものが必要になることはまずありません。せっかく必要なものを手にしてレジまで来たのに、作りたて感や匂いの誘惑に負けてしまってはどうしようもありません。揚げ物類は、揚げ油の酸化も気になりますし、なるべく使っている材料と調味料が把握できる家庭料理のメニューにしたいところです。

飲食関係では、ドリンク類でしょうか。さまざまな新商品が並ぶコンビニのドリンクコーナーですが、スポーツをしているような子供たちでよく見かけるのは、オレンジジュースや乳酸菌飲料の500㎖パックにストローを突っ込んで飲んでいる姿。フルーツや乳酸菌のイメージの良さからかもしれませんが、パックにストローでは、短時間に飲み干すことになります。これでは明らかに糖分の摂りすぎ。甘いので、飲んでもすぐ喉が渇く悪循環になってしまいます。

家での食事が制限を受けてしまう

アスリートの間食補給基地としてのファストフード店の弱点は、ハンバーガー、フライドポテト、フライドチキン、コールスローサラダなど、油と脂が多いメニューがメインで、高カロリー、高脂肪、低栄養食になりやすいこと。さらに、お得なセットにすればするほど、脂肪と糖分の比率が高まっていく傾向にあります。

練習帰りの家までのつなぎにファストフードで高脂肪のメニューを食べてしまうと、家庭料理に許されるカロリー量や脂肪量がかなり制限を受けてしまうことになります。これは、まずい。**ハンバーガーのパテやフライドチキンは、昼食や夕食の主菜となるべきメニューです。**繰り返すようですが、食事の基本は家庭料理におきましょう。**たとえば、家での夕食が遅くなる場合などは、洋風のファストフードよりも、和風のファストフードともいえる立ち食いそば屋をおすすめします。**天ぷら系にしなければ、ハンバーガーなどに比べてうどんやそばは低脂肪で済みますし、麺でエネルギー源の補給ができます。卵を落とせばタンパク質、わかめなら不足しがちな海草でミネラル類、なめこなどきのこでは食物繊維がプラスできます。また、低脂肪のうどんやそばなら消化が早いので、その後の食事にも響きにくいでしょう。

頭で考えないで食べ物・飲み物と向き合ってしまいがちなコンビニやファストフードは、立ち寄ることが食習慣だけでなく生活習慣にもなりやすい場所です。こうした習慣は脱却するのに時間がかかるので、身近なコンビニやファストフードだからこそ、意志や目的を持つ大切さを教えていってほしいと思います。

組み合わせるほど過剰さに拍車がかかる

	エネルギー(kcal)	脂質(g)	食塩相当量(g)
A社ハンバーガー(98 g)	251	10.4	1.6
B社チーズバーガー(109 g)	292	13.8	2.0
C社プレーンドッグ(145 g)	407	23.0	2.0
D社フライドポテトMサイズ(100 g)	263	12.3	0.5
E社コールスローサラダ(130 g)	150	12.2	0.8
F社フライドチキン(87 g)	237	14.7	1.7
G社バニラシェーキ(182 g)	190	5.6	0.4
H社わかめうどん(中)	538	1.7	7.2※

主なファストフードメニューの成分値

※汁の全量分を含む

17

座学期

食事の力を見直すのが先決 サプリメント中心はあり得ない

食べ物だけが持つ力がある

アスリートに向けた栄養セミナーを行うと、必ずといっていいほど出る質問が「サプリメントはどう摂ったらいいですか?」というものです。

アスリートのサプリメントの摂取法については、世界各国でさまざまな取り組みがなされています。国立レベルのスポーツ研究センターで「サプリメント・ポリシー」として、アスリートにおけるサプリメントとのつきあい方の指針を策定している国も少なくありません。日本も、そのひとつです。

まず、いえることは、**どの国の指針においても、アスリートに対して食事以上にサプリメントの摂取を積極的に勧めている国はないということです。必要な栄養素は食事から摂る。これが、どの国においても基本中の基本となっています。**

そのような指針の中、トップ選手の大きな試合に向けた最後の調整段階や、海外遠征で通常の食事が摂りにくかったり、病気やケガで食事がしにくい場合などには、サプリメントで補うことも考えましょうというアドバイスをしています。

サプリメントは、ある特定の栄養素を凝縮した栄養補助食品です。天然の素材を使っていたとしても、それは本来の「食べ物」の形はしていません。あくまで栄養補助食品であって、食事にするものでも食べ物でもありません。特に、ジュニア世代のアスリートは、身体に必要なエネルギーや栄養素は食事から摂るということを大前提にしてください。

食べ物には、サプリメントにはない力があります。たとえば、旬のものには、その季節を乗り切るための栄養素が絶妙なバランスで含まれていたり、自然のもの以外ではほとんど摂ることができない酵素があったり、まだ科学では解明されていない、でも、先人の知恵が伝えてきたはたらきがあったり、そして何より、食べ物にはおいしさがあります。

さらに、まだ味覚も成長過程のジュニアアスリートは、食べることで五感を刺激し、食べ物の味を覚えたり、噛んで飲み込むことで、食べ物を口の中から消化し、身体に取り込む力をつけたり、食べ物に含まれる極々微量な菌も一緒に食べることで抵抗力や免疫力をつけることができるのです。

それに、食べ物が新鮮かどうか、傷んでいるとはどういうことか、まずいということも食べることで初めて覚えることができます。食べ物は、サプリメントに含まれている栄養素は、量は別にしてほとんど持っています。でも、サプリメントは、栄養素の力は持っていても食べ物の力は持っていません。ですから、食事の前にサプリメントというのはあり得ません。保護者や指導者の方は、子供たちの成長する力をもっと信じて、毎日の食事を尊重してほしいと思います。

1日3食でプロテインは足りる

アスリートが、サプリメントという時に、まず名前が挙がるのがプロテインです。プロテインとは、タンパク質の英語名。アスリートの筋肉を作り出す何か特別なものが入っているわけではなく、タンパク質です。

タンパク質は、筋肉や髪の毛や爪や細胞など、人間の身体を構成しているパーツの材料となる栄養素です。不足すると、体力が落ちたり、脳のはたらきが悪くなったりしますが、**1日に3回、肉や乳製品を含む今の日本人の一般的な食事をしていれば、まず不足することはありません。**

運動をしていない一般成人におけるタンパク質の必要量は、1日に体重1kgあたり1.03gです。（アスリートの必要量はP17の表を参照）ジュニア期のアスリートの場合、年齢や体格によっ

一口にサプリメントといっても、含まれる成分も期待されるはたらきも違う

種類	主要製品に含まれる一般的な成分	製品に期待される効果や目的
スポーツドリンク	炭水化物５～７%、ナトリウム 25 ～ 49㎎	運動前・中・後の水分、炭水化物、ナトリウムの供給等
プロテインパウダー	タンパク質 80 ～ 90%、脂質１～４%、炭水化物１～ 10%	筋肉量の増加、筋損傷の修復等
アミノ酸タブレット	脂質アミノ酸 50 ～ 70%、炭水化物 15 ～ 25%、１～５%	筋肉量の増加、筋損傷の修復、免疫力の増加、脂肪燃焼増加、疲労回復等
エネルギーゼリー	炭水化物（マルトデキストリン、ブドウ糖、果糖等）を中心としたエネルギー源	試合前・中・後の効率的なエネルギー補給等
ビタミン、ミネラルの錠剤、カプセル等	各種ビタミンやミネラル類、もしくはそれらの複合体	エネルギー制限時、海外遠征時、食欲不振時の微量栄養素の補給用
バー、ブロック等	目的によって炭水化物、プロテイン、シリアルが主成分で、各種ビタミンやミネラルが添加されている	エネルギー補給、もしくはタンパク質補給を目的とした軽食用

スポーツ用サプリメントの形状による分類

（公認アスレチックトレーナー専門科目テキスト9　スポーツと栄養（財）日本体育協会より）

て異なりますが、体重1kgあたり1.5〜2gくらいを目安にするといいでしょう。

たとえば中学生アスリートで体重が60kgなら、1日に90gということになります。100gの鮭おにぎり1個に含まれるタンパク質が約28gですから、単純に鮭おにぎりだけで換算しても1日3〜4個食べればほぼ摂ることができる程度の量です。

P19にも書きましたが、タンパク質は、一度にたくさん摂っても身体は使いきれません。**使いきれなかった分は、肝臓など内臓で処理するため、大量にタンパク質を摂ってしまうと、内臓に負担をかけることになります。**しかも、ジュニア期のアスリートの場合は内臓もまだ発展途上。身体を作るはずが、身体に負担をかけてしまうことにもなりかねません。

まずは、食事です。アスリートに必要なエネルギーと栄養素が摂れる食事をおいしく楽しんで、スポーツ栄養士など専門家に栄養診断を受けて、どうしても足りないものがあれば、そこで初めてサプリメントの出番です。

スポーツ栄養のツボ

サプリの正体を知る

サプリメントにはいろいろな商品があります。最近では、まるでファッションアイテムであるかのような売られ方もしています。でも、サプリメントは、食べ物と違って、中に何がどれくらい入っているかがすぐにはわかりません。なんだかわからないものを身体の中に入れるのは怖いことです。それに、それは怖いことだという感性を持ってほしいと思います。

ラベルを読みましょう。サプリメントのラベルには、原材料と、どの栄養素がどれくらい入っているかが明記されています。ビタミンCのサプリメントでも、別の栄養素も一緒に含まれている場合もあります。人がいいといっていても、それが別の人にいいかどうかはわかりません。クチコミではなく、自分の目でその正体を知ってから選んでください。

女性アスリートのお悩み 貧血、骨密度低下を予防する

デメリットではなく、コンディショニングの一環

女性アスリートには、時として、競技の前に乗り越えなければならない2つのハードルが出てくることがあります。

それは、貧血と骨密度の低下。

あえてハードルと書きましたが、これらの症状は、ある意味、母になるという特権を持った女性ならではの本能的な身体の反応です。ジュニア期のアスリートだけでなく、女性のトップアスリートもこのハードルを越えて一流の域に入り、またそれを維持しています。デメリットと考えて落ち込むのではなく、女性のコンディショニングの通過儀礼と考えましょう。

これらの症状の要因となるのが体脂肪です。アスリートのいわば宿命として、体脂肪を適切にコントロールすることが必須です。体脂肪は、体温の維持や筋肉をエネルギー源として使ってしまわないためにも人間に必要なものですが、余分な体脂肪は、アスリートにとって鎧ではなく重

りとなってしまいます。ほとんどのアスリートの場合、体脂肪は落とすことになります。ただひたすらに、体脂肪計と体重計の数字だけに心を奪われると、どんどん食事を減らす方向に走ります。

単純に食事を減らすと、摂れる栄養素の種類と量も減ってしまいます。**タンパク質や鉄や銅などの栄養素が減ると、鉄欠乏症貧血を招きます。**貧血の症状を抱えると、血液を通じて身体の中に酸素が十分に行き渡りにくくなるので、アスリートが必要とする有酸素能力に悪影響を与えます。さらに、食事量を減らそうという意識があまりに強すぎると、摂食障害を引き起こす恐れもあります。

また、一般的に体脂肪率が15%を切ってくると、女性ホルモンの分泌に支障を来しやすく、骨密度の低下につながったり、月経障害を引き起こすこともあります。

鉄欠乏症貧血は、さまざまな要因で起きる

鉄の喪失

・出血（皮膚剥離、血尿、消化管出血、肺への出血、過多月経）
・発汗　・血管内溶血　・筋肉損傷による鉄の損失量の増大

↓

鉄欠乏症貧血

↗　↖

鉄の供給低下

・摂取不足：偏食、過度のダイエット
・鉄の吸収を助けるビタミンC、B_{12}の不足
・鉄の吸収を阻害するリン酸、カルシウム、食物繊維の過剰摂取

鉄の需要増大

・成長に伴う需要増大
・筋肉量の増大
・循環血液量の増大

鉄欠乏症貧血

（公認アスレチックトレーナー専門科目テキスト9　スポーツと栄養（財）日本体育協会より）一部改変

食べる時間と内容と量を守れば克服できる

女性アスリートは、一定の年齢になると母性の本能として身体に脂肪を溜め込もうとします。これは、つまり体脂肪の数字になって表れます。女性は、男性以上に、体脂肪とはうまくつきあっていく必要があります。

体重に関しても、特に成長期の女性アスリートは、身長が伸びている時は、体重が増えるのは当たり前。これに、無理に逆らおうとすると前記のように身体のバランスを崩すことが考えられます。減らすのは体重ではありません。体脂肪です。身体の体脂肪以外の部分である筋肉や骨を含む除脂肪量を増やしながら、体脂肪を適度に落として、トータルでは微増させていくやり方が、成長期の女性アスリートに求められる方向です。

大切なのは、第一に食べることをやめないこと。これです。食べるべき時に、食べるべきものを、食べるべき量だけ食べる。食べることを怖がらないように。

朝ごはんを抜いたり、夜は「なんとかだけダイエット」などにすがることをせずに、1日3食を必要量ちゃんと食べるようにすれば、夜中に大量のお菓子を食べたり、いつも食べ物のことが頭に浮かんでイライラしたりすることはなくなってくるでしょう。

特に、女性アスリートに多いのが、食事量を極端に減らして、その分がお菓子にいってしまうケース。これは避けましょう。糖分ばかり身体に入ってきて、他の栄養素がまったく不足しますし、ビタミンやミネラルが不足するので、その摂りすぎた糖質を代謝することさえまともにできなくなります。お菓子のように吸収の速い糖は、エネルギー源となる時間が限られているため、余りやすく、その余ったものは体脂肪になってしまいます。

アスリートは、一般の人の何倍も身体を動かすので、必要なエネルギー量は一般の人よりかなり多くなり、それに伴って食べる量も当然多くなります。食べなければパフォーマンスが上がらないことを理解すれば、アスリートに食べないという選択肢はないことはすぐにわかると思います。**女性に起こりやすい症状をできる限り予防するためには、ビタミン、鉄を中心としたミネラル類がしっかり含まれた食事を食べるようにしましょう。**

お菓子の前にまず食事です。それが逆になると、口が甘さに慣れてしまい、お菓子が食事の代わりになることが平気になってしまいます。そして、食事や補食はなるべく早く済ませること。夜食にするのはＮＧです。

スポーツ栄養のツボ

鉄の秘密

ミネラルのひとつである鉄には、動物性と植物性があります。動物性のヘム鉄は、お馴染みの牛、豚、鶏などのレバーや、牛の赤身、まぐろなどの魚の赤身や血合いの部分に多く含まれています。植物性の非ヘム鉄は、大豆、ほうれん草、きくらげ、パセリなどに含まれます。

鉄は、吸収率が悪い栄養素なので、多い食材を食べたからといって含まれている鉄をすべて吸収できるわけではありません。吸収率の良いのは、動物性。しかし、植物性もビタミンCがあれば吸収率はアップします。植物性の鉄を含む野菜は、ビタミンCも同時に含んでいるものが多いうえ、他のビタミンやミネラル類も持っているので、野菜からの鉄補給は十分に意味があるわけです。

ビタミンのはたらきと供給源

名称		化学名	生理的働き	運動との関連	主な供給源
水溶性ビタミン	ビタミンB_1	チアミン	糖質からのエネルギー産生過程であるピルビン酸からアセチルCoAへの酸化的脱炭酸に必要。要求量はエネルギー消費量と糖質の摂取量に関連する。	不足により最大酸素摂取量の低下。エネルギー消費量と糖質代謝の増加により要求量は高くなると考えられる。	豚肉、豆類、種実類、たらこ、のり
	ビタミンB_2	リボフラビン	ミトコンドリアでのエネルギー代謝に関与。	筋収縮と神経筋の機能に関連する。	レバー、うなぎ、卵、モロヘイヤ、納豆
	ビタミンB_6	ピリドキシン	アミノ酸代謝や生理活性アミン代謝、タンパク質合成に関連する。	筋力系アスリートに重要と考えられるが、要求量が高まるという根拠はない。	まぐろ、かつお、レバー、ししとう、にんにく
	ビタミンB_{12}	シアノコバラミン	核酸代謝に影響するタンパク質代謝における補酵素。造血に関連する。	筋肉痛をなくすと信じられているが、根拠はない。	貝類、さんま、レバー、プロセスチーズ、牛乳
	ナイアシン	ニコチン酸	解糖過程において補酵素としてはたらく。組織呼吸と脂肪合成に必要。	持久力に関連する可能性がある。	かつお、まぐろ、いわし、レバー、たらこ、まいたけ
	パントテン酸	パントテン酸	アセチルCoAの構成成分で、糖質・脂質代謝におけるクエン酸回路の中間基質。	根拠未確認	子持ちかれい、ししゃも、レバー、納豆、カリフラワー
	葉酸	プテロイルグルタミン酸	アミノ酸代謝と核酸合成の補酵素。	根拠未確認	レバー、菜の花、モロヘイヤ、ブロッコリー、枝豆
	ビオチン	ビオチン	二酸化炭素生成の補酵素。	一般的に筋肉痛を緩和するといわれている。	種実類、大豆、卵、レバー、しいたけ、マッシュルーム
	ビタミンC	アスコルビン酸	抗酸化物質、電子伝達物質として多くの酵素的反応に関与。コラーゲンとカルニチンの合成に関与。	暑熱への順応を高める可能性がある。	赤ピーマン、芽キャベツ、ブロッコリー、柑橘系フルーツ
脂溶性ビタミン	ビタミンA	レチノール	明暗への順応。成長促進に関連。	根拠未確認	うなぎ、銀だら、レバー、にんじん、ほうれん草、春菊
	ビタミンE	αトコフェロール	脂質の過酸化から細胞膜を防御。赤血球の溶血を防ぐ。	高強度、高地でのトレーニングに有効な可能性がある。	植物油、種実類、にじます、ツナ缶、西洋かぼちゃ、すじこ
	ビタミンD	カルシフェロール	小腸と腎臓でのカルシウムとリンの吸収促進および骨形成。	根拠未確認	鮭、さんま、ひらめ、ちりめんじゃこ、きくらげ、干ししいたけ
	ビタミンK	フィロキノン	血液凝固の活性化、骨形成の促進、動脈硬化の抑制。	根拠未確認	納豆、モロヘイヤ、つるむらさき、小松菜、ほうれん草、抹茶

「公認アスレティックトレーナー専門科目テキスト9 スポーツ栄養(財)日本体育協会」より一部改変

食トレ年間計画

準備期

大会に向けて
心と身体の質を高めていく
食への意識を深めていく
戦う姿勢を磨き上げていく
徐々に、しかし確実に

起床、朝食、昼食、夕食、就寝 これで1日のリズムを確立する

リズムを整えれば身体の成長も促される

準備期というのは、**アスリートが目標とする大会や試合で実力をフルに発揮するための調整期間です。**基本練習の反復、レベルアップを狙う追い込み練習、実戦経験を積む練習試合、そして休養の繰り返しになるでしょう。ほとんどの競技では、年間サイクルの中で、このコンディショニング期がもっとも長い期間になるはずです。

長い準備期で、もっとも意識したいのは生活リズムの確立です。とくに、ジュニア期のアスリートは、日々の生活リズムを一定にすることで、早起き、食事、学校、練習、睡眠といったするべきことをスムーズにこなすことができます。

さらに、人間の成長ホルモンは睡眠中に分泌が活発になります。時間でいうと、午後10時から午前2時頃の間がもっとも分泌が活発になるといわれています。成長ホルモンは、骨や筋肉の成長、三大栄養素の代謝を促す重要な物質です。

成長ホルモンは、文字通り、成長期にもっとも分泌が多くなります。成長期のまっただ中にあるジュニア期のアスリートにとって、睡眠は、身体を休めるためだけでなく、作り上げるためにも大きな意味を持っています。しっかり眠るためには、生活のリズムが整っていることが必要です。**生活リズムを整えることは、健全な成長にも関わってくるわけです。**

生活リズムを整えるのに鍵となるのは、起床・睡眠と食事です。朝早く起きるには、夜は早めに寝る必要があります。夜、早めに眠れるためには、朝早く起きてしっかりと活動することが必要です。起床時間と就寝時間を決めれば、まずそれだけで1日の生活リズムのスタートとゴールが決まります。

そして、食事。朝食、昼食、夕食の1日3食がそのスタートとゴールの間の柱になります。この3食をリズムよく、食べるべき時間に食べていれば、前述の間食のタイミングも取りやす

必要なエネルギー量によって、栄養素の量は総合的に増やしていく

栄養素（算定基礎）	4,500kcal	3,500kcal	2,500kcal	1,600kcal
たんぱく質（g）（エネルギー比率）	150（13%）	130（15%）	95（15%）	80（20%）
脂質（g）（エネルギー比率）	150（30%）	105（27%）	70（25%）	45（25%）
炭水化物（g）（エネルギー比率）	640（57%）	500（58%）	370（60%）	220（55%）
カルシウム（mg）（目安量を適用）	1,000～1,500	1,000～1,200	900～1,000	700～900
鉄（mg）（推奨量の15～20%増）	15～20	10～15	10～15	10～15
ビタミンA（μg RE）*（推奨量の20%増）	1,000	900	900	700
ビタミンB_1（mg）（0.6～0.8mg/1,000kcal）	2.7～3.6	2.1～2.8	1.5～2.0	1.0～1.3
ビタミンB_2（mg）（0.6～0.8mg/1,000kcal）	2.7～3.6	2.1～2.8	1.5～2.0	1.0～1.3
ビタミンC（mg）	100～200	100～200	100～200	100～200
食物繊維（g）（8～10g/1,000kcal）	36～45	28～35	20～25	13～16

エネルギー別の栄養素の目標量例

RE：レチノール当量とは、レチノール量とカロテノイドがビタミンAとして働く時の換算量の合計。
（日本体育協会スポーツ医・科学専門委員会監：アスリートの栄養・食事ガイド、p19，第一出版，2006より）

くなります。

起床、朝食、昼食、夕食、就寝の５つのけじめをつければ、１日の生活リズムは、自然と整ってくるはずです。ジュニア期のアスリートは、この５つのけじめを守るようにしましょう。

食べるという当たり前のことを守る

ここからはジュニアアスリートの起きている間の生活リズムの柱となる食事をチェックしていきましょう。

まず、朝食は必ず食べること。当たり前のようですが、これがなかなかできていないジュニアアスリートが少なくありません。しかも、必要エネルギー量が増えるにも関わらず、年齢が上がるにつれ、朝食を食べないケースが増える傾向にあります。運動をしない一般の子供たちにさえ、脳のエネルギー源をはじめとして、成長期に必要な栄養素を摂るために朝食は欠かせないのに、運動をして必要エネルギー量が一般の子供たちより多くなる**ジュニアアスリートが朝食を食べないというのは、その時点でコンディショニングの意味を成していないことになります。朝食は必ず食べる。**これは守ってください。

昼食は、学校がある時は、給食にしてもお弁当にしても食べる時間が決まっているので、問題はないでしょう。ただし、早弁をした場合には補食でフォローすること。

夕食は、３食の中で一番リラックスして食べられる食事です。とはいっても、リラックスしすぎて、**テレビを観ながらやゲームをしながらダラダラ食べていると、食べている途中に血糖値が上がってしまい、食べるのが面倒臭くなったり、食欲がなくなったりするので、食べる時は食べることに集中すること。**

また、学校と練習で疲れきっていることも考えられます。疲れきって食べては、おいしさも感じませんし、消化にもよくない。ゆっくりとたくさん食べられるチャンスの食事なので、保護者や指導者の方は、アスリートを追い立てたり、量を強いるような食卓にならないように注意してください。アスリートが、自分が食べるものを一つひとつ確認しながら、ある程度時間をかけて食べることを夕食のリズムにするようにしましょう。

そして、この夕食が、1日の食事の最後です。どうしても夜遅くまで起きていなければならない時をのぞいて、**夕食のあとには食べないことが基本。**理想をいえば、夕食もなるべく早く終えたいところ。起きている間に、ある程度の消化吸収する余裕があることで、寝ている間に分泌される成長ホルモンがうまくはたらくようになります。

スポーツ栄養のツボ

食べる力を強化する「朝食」

1日3食の鍵を握るのは、やはり朝食。ここで血糖値を上げれば、あとは時間が来れば自然とおなかは減ってくるものです。起きた直後では、どんな人でもそう食べられるものではありません。目覚まし時計は、朝食の時間に合わせるのではなく、朝食のできたら30分前。遅くとも15分前くらいに合わせましょう。

起き上がったら、まず水分を摂って内臓も起こす。そして、ストレッチでも布団上げでもいいので、身体を軽く動かすと食べる態勢は次第に整ってくるはずです。朝からしっかり食べるためには、体力も必要。日頃から体幹を鍛えておけば、それは周辺からの内臓の強化になります。競技のためだけでなく、食べる体力をつける意識も持つようにしてください。

準備期

風邪、下痢、便秘なりやすいアクシデントに備える

身体を温めるタンパク質補給も風邪予防に

一般アスリートはもちろん、免疫機能も成長しきっていないジュニア期のアスリートは、大人以上に風邪をひきやすく、コンディショニングが難しい年代です。

風邪薬というのは、対症療法なので、予防のためには効きません。風邪予防の対策は、保護者や指導者の方も子供の頃から言われ続けていたことが手軽で有効な方法です。そう、**手洗いとうがいと人ごみでのマスク着用。**とても当たり前のことですが、実際にはなかなか徹底できていないようです。家でも学校でも、昼食の前後や練習後、外から帰ってきた時など、とにかくこまめに手洗いとうがいをするようにしましょう。

手洗いとは、手を濡らすだけでなく、できたら石けんを使って手をゴシゴシ洗う。うがいとは、口をすすぐだけではなく、のどの奥まで水を入れてガラガラ音を立てる。特別な器具も必要とせず、時間もかからないこのふたつの対策を日課にしてください。そして、人ごみに出る時は、マスクを着ける。これだけでも風邪のリスクはかなり少なくなるはずです。

風邪を予防するための食事面でのアプローチもあります。ポイントは、冷えと乾燥から身を守ること。タンパク質は、前述の通り身体の材料となる栄養素ですが、体温を上げるはたらきも持っています。寒さが気になり始めたら、朝食から意識してタンパク質を摂るようにしましょう。

乾燥対策には、汁物や鍋物など湯気の出ている食べ物が味方になります。湯気で口や鼻の粘膜に潤いを与えるだけで、少なくとも食事中の一定の時間は乾燥から逃れることができます。温かい食べ物は、内臓を温める効果もあるので、一石二鳥といえるでしょう。

また、風邪が気になる季節になったら、ビタミンCの多い柑橘系のフルーツをデザートとして常備しておきましょう。**柑橘系のフルーツは、有機酸も豊富なので、疲労回復作用も期待できます。疲れが溜まって抵抗力が落ちてきている時にも有効です。**

どんなに予防をしていても、ひく時にはひいてしま

運動直後には免疫機能は低下し、運動強度が高いほど低下も激しい

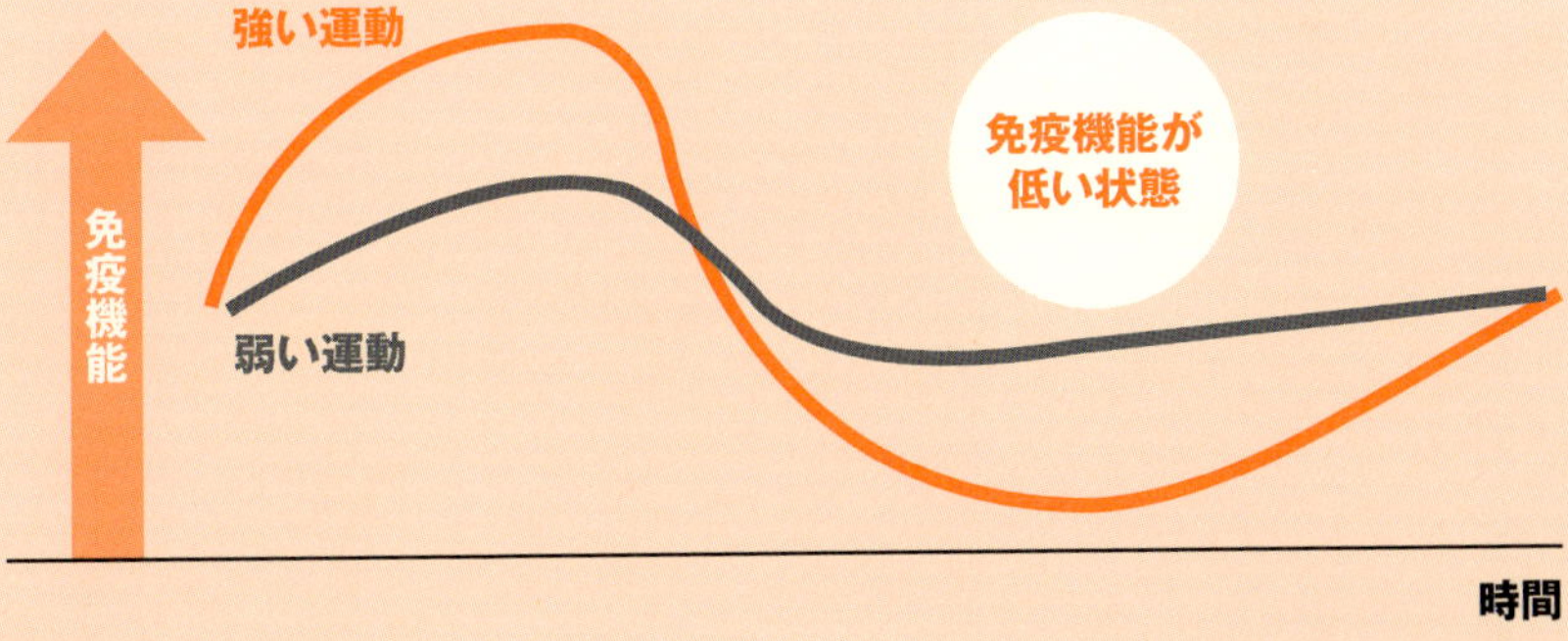

運動と免疫機能の関係

うのが風邪のやっかいなところ。ひいたら病院に行くことが最優先ですが、食事では、温かいもの、唐辛子や生姜など香辛料が入っていて身体を温めるもの、ビタミンC、Aが豊富なものを食べるようにするといいでしょう。**発熱時には、水分補給も忘れずに。**

ジュニア期のアスリートならば、風邪をひきやすい一方で、強い回復力も持っています。焦らせずに、回復するための時間を作るようにしてください。

下痢や便秘に食べ物からのアプローチ

風邪とともに、アスリートの日常に潜む落とし穴として、下痢と便秘があります。

これらについても、食中毒による下痢など病気が疑われる時は、病院に行くのが大前提です。特に、**屋外でものを食べる機会の多いアスリートは、食中毒に見舞われるリスクも高くなります。**食中毒は、自分の意志では防げない場合もありますが、可能性があることだけは頭に入れておいてほしいと思います。

消化不良が主原因の下痢に対しては、とにかく水分補給。ただし、内臓を刺激する冷たい飲み物や炭酸飲料は避けること。余計なものが含まれない温かい白湯、番茶や麦茶などでこまめに失った水分を取り戻してください。

食べ物でも、まず冷たいものはNG。そして、**普段は摂るように勧められる食物繊維の多いものは、下痢気味の時は遠ざけておきたいものです。食物繊維は、消化されない栄養素なので、腸**

が弱っている時に多く摂ると、弱っている腸にさらに負担を与えてしまうことになります。完全に治るまでは、主食は、消化のいいお粥やうどん類で、おかずには脂肪が少ないものを。肉や魚は、なるべく軟らかく茹でたり煮たりしたものがおすすめです。

逆に、便秘の時は、腸内を掃除するはたらきのある食物繊維の多いものを積極的に摂るようにしてください。乳酸菌の多いヨーグルトも腸内環境を整える作用があります。ただ、**乳酸菌は、即効性というより食べ続けることで腸内環境を改善していく栄養素**なので、日頃からヨーグルトなどの発酵食品を食べるようにしておきたいところです。また、乳酸菌には、人によって乳酸菌の種類の相性があるので、どのタイプの乳酸菌が自分に合うかを試しておくといいでしょう。

下痢や便秘は、ストレスが原因でなることもあります。アスリートが頻繁に下痢や便秘を繰り返すようであれば、ストレスの原因になっているものを探る必要が出てくるかもしれません。ひょっとすると、ストレスの原因が食事時間や食べ方など食事に関わることが原因になっていることもあり得るので、アスリートの声に耳を傾けてあげてください。

スポーツ栄養のツボ

追い込み時期、試合後は特に注意

日常的に身体を鍛えている分、丈夫に思われがちなアスリートですが、身体を酷使するため、免疫力が落ちてしまうことがあります。注意したいのが、強度の高い練習をする追い込み時期、そして、試合後です。特に、持久系スポーツの場合、レース後に風邪をひくアスリートは少なくありません。トップレベルのアスリートでさえそうです。

風邪予防の対策は、常に意識してほしいことですが、上記のようなタイミングではいつも以上に対策を徹底してほしいと思います。ハードな練習や大きな試合後には一定の休養を取ること。休養する勇気が持てることも競技力強化の条件になるのです。

準備期

打ち身、捻挫、肉離れ、骨折 ケガからの速やかな回復を目指す

身体の材料と細胞の素になる栄養素を摂る

身体を動かすことが前提となるアスリートにケガのリスクは常につきまといます。

ケガ自体を完治させるには、医学と人間が持つ自然治癒力の助けが必要ですが、食べ方や飲み方にちょっと気をつけることでも、完治への道のりを少しでもスムーズにするバックアップができます。

打ち身や捻挫、肉離れ、そして骨折で退院した後など、家庭で療養できる時は、傷んだ身体の修復に働く栄養素を摂るようにします。筋肉や皮膚の材料であるタンパク質、骨の材料であるカルシウム、新たな細胞を作り出すのに不可欠なミネラルである亜鉛。そして、以上の栄養素の吸収をよくするビタミンC。これらの栄養素をいつも以上に意識して摂ることで、身体の速やかな修復が期待できます。とくに、カルシウムは個人差はありますが1日に800mgを目安に。ちなみに、亜鉛は、貝類、ごま、アーモンドなどのナッツ類に多く含まれています。

また、これらの栄養素は、普段から気をつけて摂ることでケガをしにくい体作りにも役立つことも覚えておいてください。

さらに、身体の修復に役立つ栄養素を摂ることに加えて、治ったあとにブランクを感じさせない復帰も目指したいもの。そのためには、高タンパク・低脂肪の食事を心がけましょう。ケガの療養中は、運動量がケガする前より激減しているはずです。**身体を動かしてエネルギーを消費しなくなったにもかかわらず、ケガ前と同じようなエネルギー量の食事をしていては、そのツケは復帰する頃には体脂肪という重りになって帰ってきてしまいます。**

下痢や内臓のアクシデントの時は、食べること自体に影響が出ますが、外傷のケガでは、食欲にほとんど影響が出ないので、ついケガ前と同じ食事をしてしまいがちです。ケガ以外の部分が元気なことはいいことですが、勢いに任せて食べないように注意が必要です。

アスリートは、もともとアクティブなだけに、自宅療養では時間を持て余して、気晴らしがつまみ食いに

カルシウム 800mgを摂る食品の組み合わせ例

一般的な食品選択

食品名	分量（g）	エネルギー（kcal）	カルシウム（mg）
牛乳（普通）	200	134	220
ヨーグルト（脱脂加糖）	100	67	120
プロセスチーズ	25	85	158
木綿豆腐	100	72	120
ししゃも	45	75	149
ほうれんそう	100	20	49
合計	570	453	816

低エネルギーの食品選択

食品名	分量（g）	エネルギー（kcal）	カルシウム（mg）
牛乳（低脂肪）	200	92	260
ヨーグルト（全脂無糖）	100	62	120
脱脂粉乳	20	72	220
凍り豆腐（乾物）	10	53	66
しらす干し（半乾燥品）	10	21	52
ほうれんそう	100	20	49
切り干し大根（乾物）	5	14	27
ひじき（乾物）	2	3	28
合計	447	337	822

スポーツ用サプリメントの形状による分類

（公認アスレチックトレーナー専門科目テキスト9　スポーツと栄養　（財）日本体育協会より）

向きやすい傾向にあります。保護者や指導者の方の目が届かないところで際限なく食べてしまうなんてことにもなりかねないので、療養中はお菓子や夜食は厳禁というルールを作ってしまっていいいと思います。お菓子は、めでたく復帰するときまでちょっとおあずけです。

動けない時間をチャンスに変える

アスリートが入院した場合は、お見舞いに好物を持っていきたいところですが、その時もお菓子類は避けましょう。枕元のお菓子はアスリートの目の毒です。そこにあるのに我慢するという克己心を養うにはいいかもしれませんが、それは別の機会にしましょう。

食べたり飲んだりすることに制約がない場合に、おやつを差し入れるのなら、定番の果物や食べやすいヨーグルト、不足しやすい野菜のジュースなどがいいでしょう。ただし、病院食に影響が出ない程度にすることが大切。症状に合わせてしっかりと栄養計算されている病院食を残してしまうようでは本末転倒です。

ケガをした部分に響かないようであれば、動かせる身体の部分は療養中も動かしたほうがいいですね。身体を動かさない時間が長くなると、せっかく鍛えてきた筋肉が衰えてしまいます。強度が高い必要はありません。負荷をかけて鍛えるのではなく、身体に動くことを忘れさせないようにするわけです。

入院中というのは、自宅療養以上に、自由に動き回れる範囲が狭く、時間を持て余し気味になります。時間が余ることを逆に活かして、今までは深く考えなかった食事のことをじっくり考えてみるのもいいかもしれません。

自分が何を食べてきているか。その傾向を自分なりに分析してみる。面倒臭がって食べなかったものをリストアップして、なぜ食べなかったかを思いだしてみる。トレーニングの本ばかり読んでいたのを、ルールブックを熟読してみたり、時には栄養学や食事の本にも手を伸ばしてみる。

保護者や指導者の方は、思わぬ自由時間の贈り物をもらってしまったアスリートに、その時間の有効利用の仕方もアドバイスしてあげてほしいと思います。その自由時間は、ケガをしなければ決して得られなかった貴重な時間でもあるわけですから。

ケガから復帰しても、いきなりドカ食いにならないように。内臓が驚いてしまいますし、練習も様子を見ながらこなすことになるので、**消費エネルギー量も一気には元に戻らないはずです。こなせる練習強度に合わせて、徐々に元の食事に戻していくようにします。そして、食事がケガ前と同じようになった時こそ、完全復活の時です。**

スポーツ栄養のツボ

アスリートにとって怖い酸素

アスリートは、運動をしない人より多くの酸素を身体の中に取り込みます。酸素は、人間にとって不可欠なものですが、取り込んだ酸素の約2%は、活性酸素という毒性の高い酸素になり、外部から侵入するウィルスなどを攻撃してくれますが、毒性が高いあまりに正常な細胞なども傷つけてしまいます。細胞が傷つけば、ケガからの復帰に影響することになります。

また、活性酸素は、日焼けなどによっても作られます。屋外で長時間にわたって身体を動かし続ける持久系アスリートは、日頃からの活性酸素対策が必要。活性酸素に対抗する抗酸化栄養素であるベータカロテン、ビタミンA、ビタミンC、E、セレン、ポリフェノールが含まれる食べ物を積極的に食卓に並べるようにしてください。

準備期

すべてのアスリートの命綱 水分補給の手法を身体に叩き込む

飲んだ水分を活用するには時間がかかる

運動をしない人に比べて、たくさんの汗をかいて水分を失うことになるアスリートにとって、水分補給は重要な意味を持ちます。ジュニア期のアスリートといえども、そのノウハウは、確実に身につけておいてほしいことです。

まず、**アスリートの水分補給は、喉が渇いたから飲むのではないこと。**喉が渇くということは、身体がすでに渇いていることを知らせる警報です。渇いてからでは遅い。**アスリートの水分補給は、身体が細胞レベルで潤っている状態をキープし続けることです。**

細胞レベルの渇きをいやすには、水分を飲んでから40分以上はかかるといわれています。つまり、喉が渇いてから飲んだ水は、40分以上経たないと身体が水を求めている細胞にまでは届きません。ですから、アスリートの水分補給は、喉が渇く前に定期的にすることが大切。一回にたくさん飲んでも身体は吸収しきれませんから、少しずつを何回かに分けて、チビチビ・チョコチョコが、アスリートの水分補給の合い言葉です。

アスリートが、どういうタイミングでどれくらいの量の水分を摂ればいいか、目安を示しておきましょう。運動をして、汗で失った分を補給していけば採算は合う計算になりますが、練習や試合の時や、夏場などは大量の汗をかくので1回の補給ではとても追いつきません。**身体が水分を吸収できる能力を考えると、練習や試合の2時間前に250～500㎖の水分を飲んで発汗に備えます。そして、運動をしている間は、1時間ごとに500～1000㎖の水分を200㎖くらいずつ何回かに分けて摂るようにしましょう。**

この量は、実際にやってみるとわかりますが、かなり頻繁に水分を摂っている感じになります。でも、それくらいがアスリートにとっての水分の適量です。

うまく水分補給できているかどうかは、練習がある時にシミュレーションしてみるといいでしょう。練習の前と後で体重を量り、同じか減った重さが体重の1～2%であれば水分補給がうまくいった目安になります。減っているとすると、その分は、ほぼかいた汗の量です。体重の3%以上減っていたとしたら、それはもはや脱水状態です。練習中に飲む水分量を増やしてみてください。

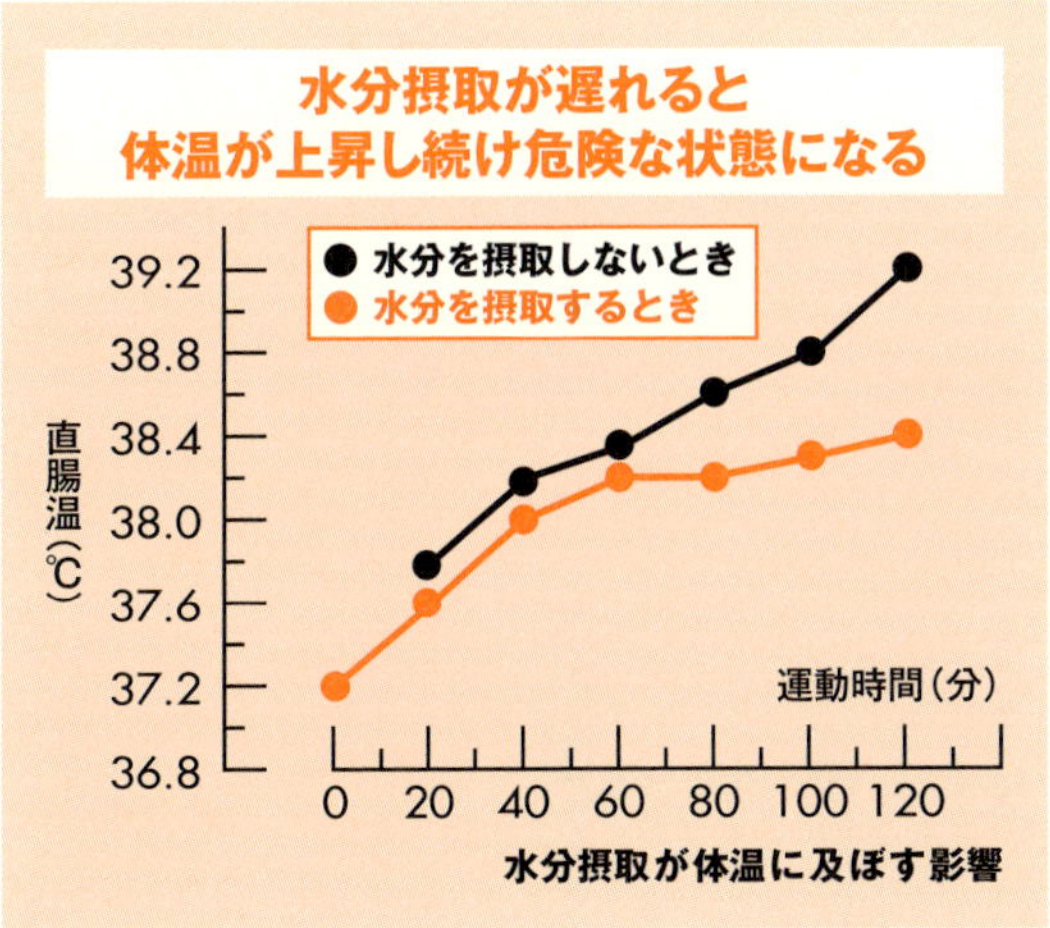

(Montain, et al.1992)

水分ばかりでは
ダメな時もある

食べることもそうですが、飲むことも普段から一定の量を飲むようにしていないと、練習があるから、試合があるからと急にたくさん飲むことは難しいものです。食べる量と同様、必要な量を飲むクセを日頃からつけておきましょう。

まずは、起き抜けの水分補給。**眠っている間にも汗をかいていますし、眠っている時間の分だけ、身体は水分を与えてもらっていません。**タンパク質やエネルギー源は朝食の役目なので、ここではスポーツドリンクを飲む必要はありません。スポーツドリンクの甘さが、食事の邪魔になることもありますから、水か白湯、カフェインの含まれない番茶や麦茶がいいでしょう。空腹時のカフェインは、胃壁を刺激しすぎます。

運動中にお世話になることが多いスポーツドリンクは、ナトリウムと糖質が含まれていることが「スポーツ」を名のるゆえんです。

アスリートが汗で失う成分には、水分の他に電解質がありますが、電解質の中でもナトリウムの損失が多くなっています。失う量自体は、あえて水分と一緒にナトリウムを補給するほどではありませんが、ナトリウムが水分や糖質の吸収を助ける性質を持っているので、スポーツドリンクに含まれるナトリウムが役立つことは間違いありません。

また、マラソンやトライアスロンのように2時間以上にわたって身体を動かし続け、発汗量が多くなる競技の場合は、水分ばかり摂っていると、血液の中でのナトリウムの割合が低くなって、虚脱感や頭痛、痙攣《けいれん》などを引き起こす低ナトリウム血症になる恐れがあるので、水分とともにナトリウムを摂ることが欠かせません。水分だけに気を取られると、足下をすくわれかねないので注意が必要です。

運動中には、固形物でエネルギー補給がしにくいので、水分補給と同時にナトリウムとエネルギー補給ができるスポーツドリンクは、大量に発汗したアスリートのオアシス的存在です。 エネルギー補給をする際のスポーツドリンクの選択基準は、糖質が3〜8％含まれるタイプ。8％以上になると、吸収スピードが遅くなるので、運動中のエネルギー源として有効活用できなくなります。

忘れがちなのは、水分補給は飲み物でなくとも、食べ物からもできるということ。言われれば、すぐにそうかと納得できると思うのですが、汁物や鍋物は水分自体も飲むメニューですし、野菜やきのこなどは成分のほとんどが水分です。練習中や試合中に汁物や鍋物で水分補給するのは無理にしても、1日3食の中にこれらのメニューを取り入れれば、コンスタントな水分補給の基盤ができることになります。

スポーツ栄養のツボ

ナトリウム（塩分）の功罪

アスリートにとってナトリウムは大切な存在ですが、かといって食事でもナトリウム（塩分）を増やせばいいというものではありません。むしろ、食事ではナトリウムは減らさなければいけない場合がほとんどです。2010年に改定された「日本人の食事摂取基準」では、ナトリウム（食塩相当量）の1日摂取目標量は、男性9g未満、女性7.5g未満とそれまで以上に厳しく制限されるようになっています。

運動中に摂るナトリウムは、汗で失っていく分をその場で補う意味がありますが、食事で摂るナトリウムは、体内でのミネラルバランスを整える分だけでよく、後々にかく汗のフォローにはなりません。摂りすぎれば、高血圧など生活習慣病の要因になってしまいます。通常、食事でのナトリウムは摂りすぎの傾向があるので、食事での塩分は控えめを前提にしましょう。

準備期

まず競技と健全な心身ありきアスリートの減量のコツ

成長を考慮した目標設定にする

準備期で、一番頭を悩ませるのがウェイトコントロールでしょう。特に減量は、トップアスリートでさえ、綿密な計画のもとに行うことが必要となります。

ジュニア期のアスリートでは、さらにシビアに考え、取り組むことが求められます。それは成長期にあるからです。**身長も体重も増え、身体が大きくなる時期に、それに逆行するようなことをしようとするわけですから、保護者や指導者の方は慎重に見守るようにしてください。**

減量が必要なスポーツは次のようなものがあります。まず、柔道やウェイトリフティングなど計量が義務づけられている階級別競技。新体操やフィギュアスケートなど見た目の美しさも採点に反映する審美系競技。そして、マラソンなどの持久系競技です。

階級別競技は、前日計量と当日計量がありますが、計量時点で制限にパスすればいいので、パスしたあとは体重を戻す場合が多くなっているようです。体重を戻せる分、体重の増減が大きくなりやすく、また、試合直前に一気に制限まで落とす傾向もあります。

審美系競技は、見た目が重視されるため、体脂肪を落とすだけの問題ではないこともあります。女子がメインの競技が多いせいもあり、つい無茶な体重設定をするケースも見受けられます。

持久系競技は、身体の重りになる体脂肪をなるべく削る方向に走りがちですが、体脂肪以外の除脂肪量（筋肉など）を増やすという方法を取ることも考えられます。

いずれのタイプの減量においても、**体重の増減幅は少ないほうが安全です。**特にジュニア期の場合は身体にウェイトコントロールでのダメージは与えたくありません。アスリートが、成長を怖がってしまうような目標設定や減量法は課すべきではないでしょう。

ジュニア期のアスリートの場合、今、減量に成功しても、将来、しかも近い将来に伸びた身長に合わせて階級や目標を考える時期が必ず来ます。保護者や指導者の方には、早いうちから成長分を考慮したうえでの計画を立ててほしいと思います。

スポーツ栄養のツボ

減量時に助かる赤身やヒレ肉

減量というと、肉を避けなければいけないイメージを持つかもしれませんが、実は、肉は減量の頼もしい味方になってくれることがあります。もちろん、とろけるような霜降り肉や、バラ肉は脂肪の量が多いのでNGです。

味方になるのは、赤身やヒレ肉。マグロやカツオの赤身肉や、牛の赤身やヒレ部分は、肉類の中でも脂肪が少なく、タンパク質やビタミン・ミネラル類の比率が高い栄養密度の高い食材です。栄養密度が高いということは、少量でも必要な栄養素を多く摂れるというメリットがあること。食事全体でのエネルギー量を減らす方向で考えたい減量時には、このメリットはとてもありがたいものです。アスリートの本来旺盛な食欲を満足させるためにも、このような食べ応えのある食材も食べさせるようにしましょう。

量と質は維持し、脂肪と精製糖をコントロール

減量の基本は、日常に必要な食事の量と質は可能な限り守ること。まず食事を減らすことありきではありません。

特に、**ごはんの量を減らす例が多くみられます。水分が多く重さがあるから減らしてみようということなのでしょうが、消化吸収するのは重さではありません。エネルギー量を考えるようにしてください。**たとえば、丼1杯のごはんとメロンパンのエネルギー量はほぼ同じ。丼のごはんは、腹持ちがいいですが、メロンパンの糖質は、精製された糖がほとんどなので血糖値が不安定になりやすく、おなかが空きやすくなります。ごはんで必要なエネルギー量を確保したほうが、効率はよくなります。また、油を極端に避けることも危険です。油は、ビタミンA、E、Dなど脂溶性ビタミンの吸収を助けるはたらきがあります。油の摂取量を減らしすぎると、脂溶性ビタミンをうまく吸収することができなくなります。免疫力は落ち、体調を崩す恐れが出てきます。また、油は、腹持ちの良さももたらすものです。

減量というと敵視されやすい脂肪には、注意が必要です。脂肪は、食べ物ではタンパク質と一緒に含まれている場合が多い栄養素です。つまり、脂肪を嫌がりすぎるとタンパク質の摂取量にまで影響が出てしまう可能性があります。すでに書いたとおり、タンパク質は身体の材料。これを減らしてはいけません。必要な食事の量と質は維持しながら、そこから含まれる栄養素がほとんど脂肪だけの食べ物と、精製された糖を多く含む食べ物を除いていくようにすることが、身体

に負担の少ない減量法のコツであり、基本です。

アスリートの減量は、保護者や指導者の方のダイエットとは違います。流行のダイエット法には、引きずられないように。保護者や指導者の方の必死さがストレートに出て、アスリートを萎縮させないように。その減量法は、体重を減らすだけでなく、アスリートの身体を作っているかを常に確認してください。

そして、競技と減量の優先順位を間違えないようにしてください。常に、競技が第一です。アスリートの減量において、減量が競技より上に来ることはあり得ないのです。

高タンパク質・低脂肪の食べ物を活用する

	食品	タンパク質	脂質
肉	鶏ささみ	タンパク質 22 g	脂質 1 g
	豚もも肉脂身なし	タンパク質 21 g	脂質 5 g
	牛ひれ肉	タンパク質 21 g	脂質 10 g
	ボンレスハム	タンパク質 18.7 g	脂質 4.0 g
	牛ひき肉	タンパク質 18 g	脂質 15 g
	鶏もも皮つき	タンパク質 17 g	脂質 13 g
	牛サーロイン脂身つき	タンパク質 17 g	脂質 25 g
	ロースハム	タンパク質 16.5 g	脂質 13.9 g
	生ソーセージ	タンパク質 14.0 g	脂質 24.4 g
	豚ばら肉	タンパク質 13 g	脂質 33 g
魚	まぐろ赤身	タンパク質 26 g	脂質 2 g
	秋かつお	タンパク質 25.0 g	脂質 6.2 g
	べにざけ	タンパク質 22.5 g	脂質 4.5 g
	うなぎ蒲焼き	タンパク 22 g	脂質 20 g
	まあじ	タンパク質 20.7 g	脂質 3.5 g
	まぐろトロ	タンパク質 20 g	脂質 28 g
	ぶり	タンパク質 20 g	脂質 18 g
	かれい	タンパク質 19 g	脂質 2 g
	いか	タンパク質 18 g	脂質 1 g
	さんま	タンパク質 18 g	脂質 25 g
	たら	タンパク質 17 g	脂質 0.5 g

■ タンパク質　■ 脂質

肉や魚の種類によるタンパク質と脂質の含有量の違い

準備期

食べればいいというものではないアスリートの増量のコツ

絶対的なエネルギー量の確保が先決

増量のシステム自体は、シンプルです。使ったエネルギーよりも多くのエネルギーを摂れば体重は増加に振れます。人間が消費するエネルギーには、活動をしなくても生きるために消費する基礎代謝、身体を動かすことによる活動代謝、そして、食べることで熱を生み出して消費する食事誘発性熱産生があります。これらで消費するエネルギー量より多いエネルギー量を食事で摂るようにすれば、増量になるわけです。

体重を構成しているのは、大きく分けて体脂肪量と除脂肪量です。成人の場合は、変動する除脂肪量というとほぼ筋肉の量になりますが、ジュニア期のアスリートの場合は、内臓や骨も成長している最中なので、筋肉量以外の除脂肪量も変動します。

成人アスリートが増量する時は、体脂肪を増やさないようにしながら、除脂肪量を増加、つまり筋肉を増やしていくことで体重を増やすことを目指します。 それでも体脂肪も増えてしまいやすいところに成人アスリートの増量の難しさがあります。

ジュニア期のアスリートは、身体が成長過程にあるとともに、日常的に強度の高い運動をしているので、絶対的なエネルギー量が足りなくなりがちです。一生懸命に食べても、成長や運動に必要なエネルギー量に追いつかないので、体脂肪も増えない代わりに、除脂肪量も増えず、体重も増えにくいということになります。しかも、成長期は、内臓も成長している最中なので、必要なエネルギー量を摂ろうとしてたくさん食べても、内臓の消化吸収能力が処理しきれないという問題もあります。

また、**基礎代謝量は、高校生の年代がピークになるため、成長期のアスリートはもともと基礎代謝も高まってくる年代にあります。生きるために必要なエネルギー量さえ多くなるので、なかなか増量のための必要な摂取エネルギー量を摂りきれないのです。**

ちょっとした工夫で栄養素の高密度化をはかる

難しい条件の中、増量していくだけのエネルギー源を確保するには、まず、糖質をしっかり摂ることがポイントとなります。身体の材料となるタンパク質を多くすると考えがちですが、糖質量が少ないと、タンパ

タンパク質は量を摂れば摂るほど身につくわけではない

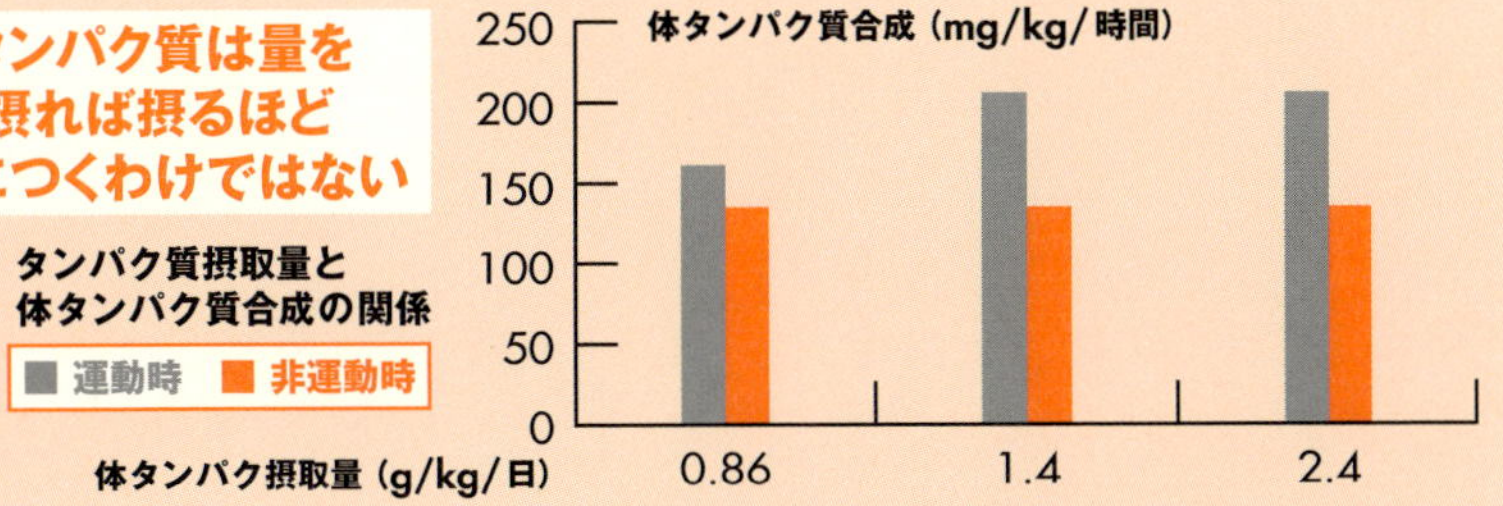

(Tarnopolsky MA et al:J Appl Physiol 73:1986-7995,1992 より)

ク質を燃やしてエネルギー源にしてしまいますし、必要なタンパク質量というのは思っているほど多くはありません。1日3食、肉や魚の主菜を普通に食べていればまかなえる量です（P40サプリメント参照）。

一方、体重70kgで中〜高強度の運動をするアスリートの場合、計算上では、1日に丼ごはん5〜7杯分もの糖質が必要になります。もちろん、糖質だけではなく、摂った糖質を効率よくエネルギー源にするビタミンB_1の必要量も、糖質量が増えるに従って増えてきます。このように、必要に応じて糖質量を増やして、摂取エネルギー量を摂ることが増量への第1歩になります。

その一方で、脂質は、体脂肪が優位に増えないようにコントロールする必要がありますが、脂質が持つエネルギー量も増量においては魅力となります。総摂取エネルギー量の25〜30％は脂質を摂ると考えてください。

食事は、**1日3食プラス間食が大前提。朝食を抜いたりしてしまうと、その1食分のエネルギー量をあとで取り戻すのは至難の業です。**1食で食べきれない分は、間食を利用します。1食に無理に詰め込むことはありません。

食べ方については、アスリート自身だけではなく、保護者や指導者の方にも努力してほしいことがあります。増量というと「とにかく食え」となりがちです。しかし、味わいや楽しみのない食事は、アスリートにとってつらいだけです。がんばっているアスリートは、本来、おいしく食べる権利を誰よりも持っているはずなのです。保護者や指導者の方は、その環境で自分が食べる気になるかどうかを考えてみるようにしてほしいと思います。目標設定が現実的かもチェックする必要があるでしょう。増量と減量は、まったく逆のことを目指しながらも、考え方のベースには共通点が少なくありません。

そして、保護者の方には、出す量だけでなく、調理の工夫をおすすめします。ポイントは、**おいしくエネルギーアップと栄養素の高密度化です。**

増量というと、皿数を増やしがちですが、ひとつの皿やメニューにいろいろな食材をまとめると、栄養素の密度は濃くなりますし、食べる側の負担も少なくなります。たとえば、糖質を多く摂るためのダブル炭水化物もの。ごはんの量だけを多くするのではなく、汁物にお餅やうどんを入れたり、おかずに餃子やワンタンを加えるなどの工夫です。餃子やワンタンの皮は糖質源です。

また、汁物はいつも具沢山にしたり、ごはんは炊き込みごはんにして、茶碗の中にもいろいろな食材が入るようにする。脂質を適度にとってエネルギーアップするために、豆腐は厚揚げにしたり、野菜炒めに油揚げや肉を入れるといったちょっとした工夫で増量をサポートする食卓は作り上げることができます。

スポーツ栄養のツボ

地産地消で食べるモチベーションを上げる

その土地で採れたものをその土地で消費する。地産地消という考え方は、食べ物の流通経路が短くて済むので新鮮で栄養価の高いものが手に入ります。つまり、栄養密度の高いメニューを作れるということで、増量のための食事にとって大きな味方になります。

さらに、アスリートに食べ物に興味を持たせるという点でも、身近な教材になります。何かよくわかっていないものをひたすら食べるよりも、近くのあの場所で取れた野菜や、遊びに行ったあの海の港にあがった魚だとか、親近感が持てれば、食べるモチベーションのアップにもつながるはずです。特にジュニア期のアスリートにとっては、こんなちょっとしたことでも大きな意味を持ちます。そして実は、食べ物に興味を持つということは、アスリートの食事において一番大切なことでもあるのです。

練習目的を把握してシミュレート最終局面にやるべきこと

体重管理の最終チェックを

試合期が近づくにつれ、練習試合や実戦形式の練習などが増えてきます。競技によっては、ダブルヘッダーのような連戦だったり、特別ルールでの方式だったりと、本番よりも強度が高く、運動量も多くなったりすることもあります。練習試合は、その名の通り練習の一環ですが、レギュラーの当落線上にいるようなアスリートは、ここで全力を尽くそうとしがちです。全力という状態は、長く続くものではありません。練習試合で絶好調だったのに、本番の試合期では疲れが溜まってガクッと記録や技術が落ちてしまうアスリートも珍しくありません。練習試合の目的と意味を再確認して、練習試合と本番のメリハリをつけられるようにアスリートをコントロールしていってほしいと思います。

練習試合期に気をつけておきたいのは体重の減少がないかどうか。準備期も終盤にかかっているので、ここが体重管理の最終チェックポイントになります。計画的な減量をしている最中でなければ、ほぼベスト体重をキープしておきたい時期です、にもかかわらず、体重が減ってしまっているということは、食べる量が間に合っていない可能性があります。今一度、食事の量と食べ方を確認してください。

サマースポーツとウィンタースポーツによって大きく異なりますが、**季節に合った旬の食べ物を食べることは、コンディショニング期のアスリートの身体の防御策になります。**旬の食べ物というのは、その季節の気候の中で自分の身を守りながら、最盛期を迎えています（下表参照）。ほとんどの場合、栄養価も最高潮です。この自然の恩恵にあずかり、旬の力を取り込むことは、アスリートのコンディ

とくに野菜は、旬に栄養価が高くなるものがある

月	可食部 100g あたり							
	水分	ミネラル				ビタミン		
		カルシウム	鉄	ナトリウム	カリウム	カロテン	ナイアシン	C
	g	mg				µg	mg	
1月	90.1±0.6	61±7.9	3.0±0.29	9±1.2	616±84	1455±216	0.6±0.03	58±5.5
2月	89.7±1.1	50±6.8	2.8±0.16	15±3.1	682±56	1308±154	0.8±0.05	73±9.3
3月	91.4±0.8	47±5.5	2.9±0.22	11±2.4	616±74	982±119	0.6±0.04	61±2.9
4月	92.0±0.9	54±6.0	2.8±0.18	23±3.7	594±48	2028±126	0.6±0.04	36±3.6
5月	93.4±1.2	49±4.3	2.5±0.20	9±1.6	573±27	2550±213	0.5±0.06	32±4.3
6月	92.7±1.1	42±6.6	2.0±0.13	18±1.9	645±49	1600±192	0.4±0.07	19±2.0
7月	92.8±1.2	42±7.2	2.5±0.16	12±3.3	668±56	1573±166	0.5±0.08	9±0.8
8月	95.1±0.4	75±5.4	1.7±0.19	24±3.6	584±14	1963±324	0.5±0.08	13±4.0
9月	94.5±0.5	63±2.5	2.3±0.13	19±3.7	383±35	2056±136	0.6±0.07	24±3.3
10月	92.4±0.7	64±4.6	1.8±0.14	11±2.2	543±62	1907±188	0.6±0.04	25±2.8
11月	91.8±1.1	78±7.3	3.2±0.23	26±5.8	521±68	2404±173	0.6±0.02	45±4.9
12月	91.1±0.6	52±5.1	1.8±0.15	6±2.5	559±44	1541±231	0.4±0.03	52±6.3
平均値	92.3±1.6	56±11.9	2.4±0.52	15±6.7	582±79	1781±454	0.6±0.11	37±20.5
成分表値	90.4	55	3.7	21	740	5200	0.6	65

ほうれん草のビタミン・ミネラル含有量の通年変化

（「出回り期が長い食用植物のビタミンおよびミネラル含有量の通年成分変化[2]　辻村卓ほか　ビタミン，71巻2号，1997」より・一部改変）

ショニングをスムーズに導いてくれるでしょう。しかも、旬の食材は価格も安いので、保護者の方にはありがたいものです。

補食の選択肢をテストする

コンディショニングの最終段階として、海外遠征をするアスリートもいるでしょう。トップアスリートでも、海外での食事はネックになる場合が少なくありません。ちょっと匂いや味や香りが変わっているだけで食べられなくなり、体力が急降下、せっかく築き上げてきたコンディションを崩してしまい、遠征で実力を発揮できないばかりか、帰国後もその影響を引きずってしまうこともあります。

そういう選手がいる一方で、海外ならではのおいしさを発見して楽しんだり、**いつでもどこでもちゃんと食べられる選手というのは、海外ではもちろん、国内でも強いことが多いのです。**

日本よりいい物を食べられる国というのはそうはありません。日本は、世界中の食べ物が割と気軽に食べられる貴重な環境です。和食を大切にしながらも、普段からいろいろな食事への興味を持ち、機会があれば食べてみることで、食べられるキャパシティは全然違ってきます。海外の食事にも対応できる力を身につけてほしいところです。強くなればなるほど、海外での試合は増えてくるのですから（海外での対策はP78参照）。

この時期は、本番を想定しての補食の摂り方をシミュレーションしてみるのもおすすめです。

この食べ物をこういうタイミングで摂ったら、練習試合ではこういう感じだった。補食によさそうな新しいものを見つけたので、実際に食べてみてどうだったか……。

アスリートが陥りやすいのが、補食のシミュレーションを単なる休憩時間と捉えてしまうこと。おなかが一杯になったとか、おいしかったという感想だけではシミュレーションになりません。試合や大会でどうなるかのテストだということを強調して、アスリート本人にしか感じられない「食べた感覚」をうまく聞き出して、本番の参考にしてください。

準備期の段階では、練習時間の確保も大切なことですから、シミュレーションは基本的なことだけで十分です。実際にシミュレーションするのは、試合直前のタイミングにするとして（P92参照）、リストアップするだけでも意味があります。アスリートの気持ちの中に「こういうことをする必要もあるかもしれない」という意識が芽生えるだけでも、安心の度合いが高まります。

本番でいきなり慣れないことをしてもたいがいは裏目に出るので、備えだけは忘れないようにしてください。

スポーツ栄養のツボ

「想定外を想定」して勝利をつかむ

試合前や試合中に起こるアクシデントへのとっさの対応は、トップクラスのアスリートでも難しいものです。ジュニア期のアスリートであればなおさらです。

トップアスリートは、常に「想定外」のことを想定したシミュレーションをしています。シューズが脱げたらどうするか。ゴーグルがはずれそうになったらどうするか。イレギュラーバウンドにはどう対応するか。自分のドリンクが取れなかったらその後をどうフォローするか。突然起こるアクシデントに瞬時に対応することは無理でも、少なくともシミュレーションしておけば、気持ちの動揺は最小限で抑えることができるでしょう。「100回やって1回あるかないかのプレー」を1回でも経験しておくことが勝負の分かれ目になることもあります。

異なる環境を工夫で克服 海外遠征サバイバル術

過酷な機内環境から自己防衛する

海外遠征は、アスリートにとって大きなストレスとなります。動き回れない飛行機での長時間移動、通じない言葉が飛び交う環境、異文化の生活スタイル、そして日本とは異なる食生活。ジュニア期のアスリートであれば、興奮と不安が一緒くたになって、精神的にも不安定になりますし、コンディションも崩しやすくなります。

飛行機移動の際は、水分補給にいつも以上に気を配りましょう。長距離便の場合、機内の湿度は20%以下になるといわれています。湿度20%以下は、各地で基準が違う乾燥注意報の発令基準を、どこでも満たしてしまうくらいの空気の乾き具合です。機内で汗をかくことは少ないですし、立ったり座ったりにも制約があるので、水分を摂ることをがおろそかになりがちです。アスリートの身体は、常に潤っていなければなりません。乗務員に何度もドリンクを頼むのが面倒であれば、手元にドリンクを常備して、チビチビチョコチョコ水分補給をするようにしてください。

湿度以外にも、気圧も酸素濃度も日本の平地より低くなります。目に見えない部分で身体は異変にさらされている状態ですから、自分の身体の声に耳を傾けて、体調に変化がないかに敏感になることが大切です。そして、**いわゆるエコノミークラス症候群を予防するため、トイレとの往復でもいいので、歩ける時は歩く。**ドア際など空いているスペースがあれば、他の乗客の迷

トップアスリートの海外遠征の準備計画を参考にする

準備できたところにチェックを入れましょう

①現地情報・環境について（ガイドブック、大使館、現地駐在員などを活用）

- □外食場所の確認（日本料理、中華料理、インド料理など）
- □季節、気温、温度、治安、衛生面などの確認
- □スーパーなど日用品の購入場所の確認
- □日本から保存食の携行

②宿泊施設について

- □朝夕の食事メニューの打ち合わせ
- □電圧の確認と変圧器の携行準備
- □炊飯器、調理施設、調理機材、食器の確保
- □ミーティングルームの有無確認

③食事について（料理担当マネージャー、料理長などとの打ち合わせ）

- □食費
- □食事の場所が一般客と同じか、別室か
- □宿泊所レストランにおける予定メニューの融通性
- □宿舎での帯同管理栄養士による食事づくりがどこまで可能か
- □食事時間の融通性
- □サプリメントの準備

④選手村の食堂

- □競技団体へのメニューの取り寄せを依頼

⑤栄養指導、栄養教育（事前準備として選手への指導）

- □ブッフェ形式の食事
- □試合後の食事
- □試合前の食事
- □嗜好飲料の摂り方
- □試合中の水分摂取
- □機内食の食べ方

海外遠征に備えるチェックリスト

（公認アスレチックトレーナー専門科目テキスト9　スポーツと栄養　（財）日本体育協会より）

惑にならないようにストレッチもしたいところです。座りながらでも、足首を回したり、ふくらはぎを叩いたりと下半身に刺激を与えることを忘れないようにしましょう。

機内での食事は、現地時間に合わせて食べること。出てくるものをすべて食べる必要はありません。とくに、デザート系の付け合わせやスナック類は要注意です。

現地時間に合わせると、寝ておくべきタイミングで食事が出ることがあります。睡眠時間の確保は、時差ボケ予防のためにも大切なこと。睡眠の邪魔にならないように、食べるべきでない時は食べないというアスリートのスタンスは守りましょう。飛行機に乗った時点で、時計を現地時間に合わせ、可能な限り、現地時間での食事の時間に食べるようにしたいものです。

現地での食事は、お米など日本食を持ち込んでいる場合や、近所に日本食レストランやケータリング店があるのであればある程度安心できますが、多くの場合は、ホテル内を含めて現地のレストランが「食卓」になると思います。

見慣れない食材や正体のわからないメニュー名が並ぶ中、**選択の方針は、まず、エネルギー源である糖質源にターゲットを絞ること。ライスがない場合は、パン、パスタ、ヌードルを普段の1食の量だけ確保します。その中でもできるだけ油の少ないものを選ぶように。**もし、これもない場合は、ビスケット類や芋類（フライではないもの）でも代用できます。

メイン（主菜）となるのは、肉や魚がほとんどですが、日本ではめったに食べられない大きさのステーキがあるからとチャレンジするのではなく、日本にいる時に近いサイズのものを選ぶ。味付けのソースは、クリームタイプは極力避け、チーズやオイルも少なめのものにする。サラダバーや野菜のサイドメニューがあれば必ず頼んで、ビタミンとミネラル類を死守する。スープ類にも、ミネストローネのように野菜が多めのものもあるので要チェックです。水が心配な場合は、ペットボトルを持ち込んだり、フルーツジュースを飲む。デザートは、食べる必要がないなら食べなくても可。食べるとしても、お菓子系のものは、海外の場合、想像以上に甘ったるいことが多いので避けたほうがいい。生のフルーツやフルーツタイプのデザートはおすすめ。ただし、**カットしてあるフルーツは、水の安全性が確かなところだけにしておきましょう。**

アジア圏ではそうでもありませんが、欧米では、肉ばっかりで、油と脂肪の過多になりやすい環境にあります。慣れていない内臓に、消化の遅い油脂類を摂りすぎれば、内臓は悲鳴を上げるでしょう。量も多いので、カロリー過多にもなります。海外遠征中に、体脂肪を増やして試合に影響が出てしまうケースも少なくありません。

滞在中にコンディションを崩すと、帰りもまた飛行機での長旅が待っているので、長引く恐れが非常に高くなります。仕上げの晴れ舞台のはずが、肝心の国内での本番に響いてしまうことになりかねません。

スポーツ栄養のツボ

現地調達にはシリアルを

お米を人数分持ち込むのは大変ですが、いつも使っているエネルギーバーやエネルギージェルがあるなら、自分の分を持たせるのもいいでしょう。海外にも多くの種類のスポーツフードがありますが、ほとんどは日本人の味覚に合わない味です。いざという時に頼りになるものも、食べにくければ意味がありません。

海外調達で便利なのは、シリアル類。欧米では、日本以上にシリアルがポピュラーな食品なので、種類も豊富です。欧米食で不足しがちな食物繊維（Dietary fiber）が含まれているものや、ドライフルーツが混ざっているものなどいろいろありますので、その時の食事の状況をチェックして、そのバックアップ用に選ぶといいでしょう。スナック感覚で食べられるので、携帯食としても便利です。

準備期

気を抜いた分だけあとに響く自立心を試される中途休暇

できるだけ心身をリフレッシュ

準備期の途中に一定期間、練習が休みになる中途休暇がある場合もあります。

特に長めになるのは年末年始でしょう。年末年始に大きな試合のあるいくつかの競技以外は、この期間は、学校も練習もなくなる、いわば「空白の期間」になります。ジュニアアスリートならば年末年始以外にも夏休みなど、学校の休みに伴う長期休暇中に練習が休みになる場合も同じです。テスト前は、学校はありながら練習は休みということもあるでしょう。

確かに、厳しい練習や難しい授業から一時的に解放され、特に、家族や友人たちと何の気兼ねもなく楽しめる貴重な期間である年末年始は、油断して生活が乱れやすい時期でもあります。

朝早く起きなくていい。何時までにどこに行かなければならないということがない。朝早くないから夜も早く寝なくていい。食事は食べたい時に食べられるし、遊ぶ時間があるので買い食いもできる。それまでできなかったことや、我慢していたことが一気にできてしまう誘惑の多い時期になります。完全オフ期のようには長くないだけに、このスキに好きなことをやってしまおうという気持ちになっても不思議ではありません。

でも、**油断をし、誘惑に負ければ負けるほど、休暇からの復帰に時間がかかるようになります。**復帰に時間がかかれば、それはあとへあとへと響いていくので、本番にピークを合わせるサイクルに整えるのにはかなり苦労をすることになります。

アスリートにおける中途休暇の意味は、完全オフ期ほどではないにしろ心身の休養です。再び準備期が始まる前に、それまでに溜め込んだ疲れをできるだけ落とし、リフレッシュする期間です。遊びほうけることが許される期間でもなければ、休養と称してだらだら寝ていていい期間でもありません。

休暇中に死守してほしいのは、P50に書いたとおり、生活リズムを守ること。生活リズムは、少しずつ積み上げて身につけていくものです。一度身につければ、それが自然となりますが、一度それを崩してしまうと、元に戻すにはまた時間がかかってしまいます。特に、ジュニア世代は、身につけるにはうってつけの年代ですが、簡単に崩してしまいやすい未熟な世代でもあるので、保護者や指導者の注意が必要です。

必要のない夜食はNG

朝練がある時ほど早起きしなくてもいいですが、テスト期以外でも学校があるタイムスケジュールを起きる時間と寝る時間の目安にしましょう。そして、朝昼晩の3食を1日の中の柱とすること。食事というのは、集中しないとできないので、1日の流れの中での「切り替え」のタイミングにしやすいものです。**3食のタイミングでリズムを作るようにしてください。**

1日3食を基本とするということは、朝ごはんをきちんと食べるということなので、朝型の生活になります。朝型になると、自然に夜更かしはできなくなるはずですが、休み気分でついついということもあるでしょう。年末年始であれば、夜更かしは、せめて大晦日の一晩だけにとどめてほしいところです。

夜更かしのデメリットは、きちんとした時間に起きにくくなること。そして、夜食が伴いやすいことです。テストの追い込み時期に遅くまで勉強している場合

「余分なもの」を摂りすぎないように夜食メニューの中身を知っておく

食品	エネルギー量(kcal)	脂質(g)	ナトリウム(mg)
A社カップラーメン	473	20.8	2597
B社カップうどん	424	16.8	2917
C社カップ焼きそば	443	18.7	1705
D社インスタント袋入り塩ラーメン	443	16.6	2300
E社えびせんべい	486	21.0	960
F社ポテトチップス	560	35.7	375
G社チーズ味スナック	539	29.9	500
H社かきのたね	486	20.6	433
I社カスタードプリン	119	4.3	56
J社チーズケーキ	349	27.8	260
K社あずきアイス	135	0.2	60
L社バニラカップアイス	250	17.0	65

夜食メニューになりやすい食品の主な成分値（100gあたり）

などは、夜食でのエネルギー補給は仕方ない面もありますが、夜更かしする必然性のない時まで、遅くまで起きていて、さらに夜食ではNGです。

夜食もまたクセになりやすいものです。**寝るまでにそれほど時間がないタイミングで食べる夜食は、その消化吸収を睡眠中にすることになります。つまり、頭は眠っていても、内臓ははたらき続けていることになります。**やっとはたらき終われば、すぐに朝ごはん。これでは、内臓は休まるヒマがありません。内臓疲労につながって、普段の食事の消化吸収能力にまで悪影響が出てしまう恐れがあります。さらに、遅くに夜食を食べれば、翌朝の食欲にも響きます。

あとは、身体を動かすことを忘れないように。ハードに運動することはありませんが、ランニングやストレッチングなど、競技に合ったルーティーンの動きは継続するようにしましょう。中途休暇は、思っているより早く終わりが来ます。再スタートのためのウォーミングアップと考えればいいでしょう。

スポーツ栄養のツボ

スープヌードルでささやかな夜食を

夜食はNGといっても、状況によっては夜食のお世話になる必要がある時もあるでしょう。夜食の基本は、温かく、水分が多く、低脂肪で、量は必要最小限です。夜食は、モリモリ食べるものではありません。ささやかで十分。

具体的なメニューとしては、空腹度合いが大きいなら雑炊、スープヌードル類。気を紛らせる程度であれば、ホットミルク、ハニーレモネードなどです。スープヌードルといっても、カップラーメンではありません。カップ麺は高脂肪なだけでなく塩分が多すぎて、夜中に喉が渇きます。ミネストローネのような野菜の多いスープに、小型のパスタや折ったスパゲティを入れたものです。ただし、塩分は控えめに。食べるタイミングは、我慢したあげくではなく、早めに。寝るまでの時間はあいていればいるほど内臓への負担は少なくて済みます。

ミネラルのはたらきと供給源

名称	おもな供給源	主な働き	欠乏症	過剰症
カルシウム(Ca)	牛乳、乳製品、骨ごと食べられる小魚、緑黄色野菜	強い骨や歯を維持し、身体のさまざまな機能を調節する	くる病、骨軟化症、骨粗鬆症、手足のふるえ	泌尿器系結石、ミルクアルカリ症候群、他の無機質(ミネラル)の吸収阻害、便秘。
鉄(Fe)	肝臓、しじみ、あさり、ひじき、緑黄色野菜、大豆、大豆製品	赤血球の成分として全身に酸素を運ぶ	鉄欠乏症貧血、スプーン状つめ	長期摂取に伴う鉄沈着症、鉄サプリメントの誤飲による急性中毒。
リン(P)	日常摂取する食品に多く含まれている。	骨や歯を作る。エネルギー代謝にも必須	骨折	カルシウム吸収の抑制、副甲状腺機能亢進。
マグネシウム(Mg)	海藻類、大豆、穀類、野菜類	循環器と骨の健康を支える	虚血性心疾患	
カリウム(K)	日常摂取する食品に多く含まれている。	細胞機能を支え、生命活動を維持する	筋無力症	通常の食生活では過剰症が問題となることは少ない。
銅(Cu)	肝臓、かき(貝)、大豆	酸素の構成成分として、赤血球の形成などに働く	貧血	
ヨウ素(I)	海藻類、魚介類	甲状腺ホルモンを作る材料になる	甲状腺腫	甲状腺腫
マンガン(Mn)	種実類、穀類、豆類	酵素の構成成分として、骨代謝などに関わる	通常の食生活では欠乏症が問題になることは少ない。	過剰は重い中毒をもたらす。中枢神経障害。
セレン(Se)	魚介類、穀類	酵素の構成成分として、抗酸化に働く	克山病。ただし通常の食生活では欠乏症が問題になることは少ない。	毒性が強く、安易な過剰摂取は危険。
亜鉛(Zn)	かき(貝)、牛肉、米	多くの酵素の成分として多様に働く	味覚障害、成長障害	
クロム(Cr)	カリウム摂取量と強い相関がある。	インスリンの働きを助け、糖質の代謝に働く		通常の食生活では過剰症が問題となることは少ない。
モリブデン(Mo)	牛乳、乳製品、豆類、穀類、臓器肉類	酵素の構成成分として、尿酸の生成などに働く	通常の食生活では欠乏症が問題となることは少ない。	
ナトリウム(Na)	日常摂取する食品に多く含まれている。	生命活動の根幹、細胞機能を維持する		高食塩摂取は高血圧の発症と関係する。

「食品解説つき 新ビジュアル食品成分表増補版 『新しい食生活を考える会』 編著 大修館書店」
「食品成分最新ガイド 栄養素の通になる 上西一弘著 女子栄養大学出版部」を参考に作表

食トレ年間計画

試合期

迫った大会だけを直視し
環境の変化には対応力で備える
培ってきた経験と知識が実を結ぶ
アスリートの躍動を
慎重にバックアップ

試合期

持久系限定のエネルギー貯蔵法 カーボローディングのノウハウ

糖質を貯める カーボローディングとは?

カーボローディング。あるいはグリコーゲンローディング。やると力がつきそうですし、やらないよりやったほうがよさそうな魅惑的な響きがあるのではないでしょうか。

カーボローディングの目的を整理しておきましょう。まず、確認しておきたいのは、**カーボローディングが有効と考えられているのは、持久系の競技に限るということ。**体内のエネルギー源をたくさん使う持久系の競技では、長時間にわたって運動していると、エネルギー源は糖質から脂肪に切り替わってきます。でも、この体脂肪をエネルギー源として燃やすためには、糖質も一緒に燃えている必要があります。この糖質の役割は、よくガスの種火とか、ろうそくの芯にたとえられます。体脂肪をエネルギー源として使うにも、常に糖質の存在が必要になるわけです。

体内に貯めておける糖質の量には限界があります。そこで、試合に合わせて貯蔵量の上限まで糖質を貯めておこうとするのが、カーボローディングの目的です。

一昔前は、カーボローディングは、今でいうところの古典法という方法で行われていました。古典法とは糖質を体内に貯める時は、一度、体内に貯蔵されている糖質を枯渇させてから再び取り込んでいく方法。これが効果的と考えられていたのです。試合の一週間前くらいから、糖質源の摂取量を減らして、負荷の高い練習で追い込んでいき、試合が近づくにつれ、糖質源を増やして、練習の負荷は低くしていくわけです。

しかし、この方法は、追い込み時期にもエネルギー源としての糖質は必要なので、ここで摂取量を少なくしてしまうと疲労が残りやすい。また、日本人は、糖質源はお米が中心なので、ごはんを減らしてしまうと全体の食事量自体が落ちてしまい、コンディションを崩しやすくなるなどの

スポーツ栄養のツボ

カーボローディングの副産物

カーボローディングを実際に行って、摂る糖質が多くなると、糖質は体内で水分を作り出すので、身体がむくんだ感じになるアスリートもいます。水分が増えた分、試合直前になって体重の増加につながる場合もあるので、計量のある競技のアスリートは特に注意が必要です。

これには個人差があるので、事前のシミュレーションで、そのアスリートが行った場合、実際に体重が増えるかどうか、増えるならどれくらいか、どういう糖質源を増やすと増えるかなどをチェックしておくようにしてください。体重増加に関しては、本文にも書きましたが、エネルギーオーバーになった結果なのか、適切に行った結果の糖質が純粋に生み出した水分によってなのかも見定める必要があります。

理由から、今では必ずしも効率のいいカーボローディング法とはいえないと考えられています。

栄養不足にならないために改良法を理解する

古典法の弱点を見直したものが、カーボローディングの現在の主流になっている改良法です。**試合の3～4日前から、練習量を少なくするのに合わせて、食事で摂る総エネルギー量における糖質の比率を約70％まで高める方法です。**こうすることで体内の糖質の貯蔵量を増やすと、古典法でのリスクなしに、同じくらいの効果があるとされています。

食事で糖質源を増やすには、穀類、芋類、果物のどれか、もしくはいくつかを組み合わせて、その食べる量を増やすことになります。日本人の場合は、ごはん（お米）中心に増やしていくのが馴染みやすいと思いますが、ごはんだけを増やそうとすると、他の栄養素を減らしてしまう恐れがあります。カーボローディングで、一番注意したいのはこの点です。

その一方で、ごはんを増やして、他を減らさないとなると、エネルギーオーバーになるというジレンマも出てきます。どうするか。**糖質を増やした分は、タンパク質と脂質で調整し、ビタミン・ミネラル類は極力減らさないようにします。**ここがポイントです。

具体的な目安としては、ごはんの量を増やして、肉や魚など、タンパク質と脂質が同居している食材は減らしていきます。ビタミン・ミネラル類を確保するために、野菜はキッチリと食べます。果物は、ビタミン・ミネラル類が豊富ですが、同時に糖質源でもあるので、ごはんとのバランスに気を配りながら量を調整していきます。

カーボローディングは、試合直前に行うことに意味があり、試合直前というのは、身体の状態に非常に神経質になる時期でもあります。カーボローディングがよさそうだというイメージだけで、直前になって初めて試すのは無謀すぎます。アスリートは、どんな糖質源を増やし、ビタミン・ミネラル類を減らさず、脂質とタンパク質源をどうやって減らしていけば、無理なく、一定の効果が期待できるかは、事前に必ず試してみるようにしてください。

海外遠征など、いつもとは違った環境の場合は、マルチビタミンやマルチミネラルなどのサプリメントで、糖質の増量に伴って減らしてしまいそうなビタミン・ミネラル類を補充することも選択肢に入ってきます。

繰り返しますが、**カーボローディングは、ごはんを増やすだけ、糖質源を増やすだけのことではありません。さじ加減を間違えると、エネルギーオーバーや栄養不足になるリスクもあります。**食事全体を見渡してのコントロールをするようにしてください。

試合の一週間前から計画的に糖質量と運動量をコントロールする

1日目	糖質を使い果たす運動（自由に設定する）
2日目	適度な糖質を含む混合食 運動は少なくする
3日目	適度な糖質を含む混合食 運動は少なくする
4日目	適度な糖質を含む混合食 運動は少なくする
5日目	高糖質食 運動は少なくする
6日目	高糖質食 運動は少なくする、あるいは休息する
7日目	高糖質食 運動は少なくする、あるいは休息する
8日目	試合

改良されたカーボローディング法

（公認アスレチックトレーナー専門科目テキスト9　スポーツと栄養　（財）日本体育協会より）

試合期

会場でのアドバンテージを獲得 本番に合わせた補給計画を立てる

条件に合わせた行動をテストしておく

出場する試合や大会の具体的なスケジュールが確定し、何日の何時にピークを合わせるということがわかったら、そこにピンポイントの補給計画を立てる段階に入ります。

1日のスタートとなる朝食は、競技によりますが、試合の2〜3時間前に食べ終えることが目安です。このタイミングでいつもと同じようにしっかりと朝食を食べられるスケジュールであれば、特に問題はないはずです。

難しいのは、朝が早いスケジュールの場合。マラソンやトライアスロンのような持久系競技や、1日に予選が何試合もあるような大会の場合、試合開始時間が朝7時ということもあります。7時の3時間前といえば、朝の4時。この時間に、きちんと睡眠時間を確保したうえで起きられて、いつもと同じように食べられるのであればいいのですが、なかなかそうはいかないはずです。

オリンピックのような大きな国際大会では、テレビの放映権の問題などで、競技のスタート時間が朝早い場合があります。そのために、トップアスリートは、何ヶ月も前からその時間帯に合わせた生活をするようにします。

それが可能であればそうしたいところですが、学校があるジュニア期のアスリートの場合は、誰もができることではないと思います。ただ、勝負をするためにはそのくらいの調整をする必要があるということは、頭に入れておいてもいいでしょう。

3時間前が無理であれば、試合や大会の数週間前から、ちょっと早起きして本番の時間の1〜2時間前に消化がよく、エネルギー源である糖質を多く含むおにぎり、パン、フルーツ、ヨーグルトを中心とした朝食を食べて、アスリートは自分の身体の状態を確認しておきましょう。

出場する試合の時間がわかれば、会場に行く際の集合時間、

目的に応じて補食を準備しておく

分類	食品例
主に糖質源となる食品	おにぎり、いなり寿司、巻き寿司、もち、食パン、ロールパン、あんパン、クリームパン、ジャムパン、サンドイッチ、あんまん、カステラ、バナナ、うどんなど麺類、パスタ類など
主にタンパク質源となる食品	ゆで卵、牛乳、ココア、ヨーグルト、チーズ、ヨーグルトドリンク、肉まんなど
主にビタミン源となる食品	オレンジ、グレープフルーツ、レモン、100% オレンジジュース、100% グレープフルーツジュース、スポーツドリンク類など

栄養素別の補食例

（公認アスレチックトレーナー専門科目テキスト9　スポーツと栄養　（財）日本体育協会より）

移動の方法、予選の場合は会場が分かれるケースもあるので、その際の移動にかかる時間などさまざまな条件に合わせて、補給の作戦を立てていきます。

当たり前のことほど抜け落ちやすい

たとえば、本番がお昼前後になることがわかった場合は、休みの時の練習の合間に間食を摂る時間を設け、しっかりした昼食が食べられない時の食べ方をシミュレーションしてみましょう。**どのくらい食べたらどれくらい食休みを取らないと動きにくいかをアスリートが身体で覚える機会を作る**わけです。これは、競技時間が長くなったり、待機時間が長い場合に、小分けにエネルギー源を摂るシミュレーションにもなります。

前述の朝早い本番も、練習時間が比較的自由に設定できる休日練習なら、通常の練習スタート時間を早くして、アスリートが各家庭で早めの朝食を摂るようにしてみてもいいでしょう。

離れた場所での練習試合があれば、移動の途中の補給もシミュレーションしてみてください。手を洗う場所が確保できないのであれば、殺菌できるおしぼりを用意する必要も出てくるでしょう。いつも普通にできていることほど、抜け落ちやすくなるので注意してください。

逆に、普段から抜け落ちやすいこともあります。たとえば、チームで使うウォータージャグの洗浄。外で使うことの多いウォータージャグは、内部はもちろん、特に入り組んだ構造の口の部分にホコリや雑菌が溜まりやすいもの。定期的に洗浄することを習慣づけてほしいですが、試合のスケジュールが決まって、気合いが入っているこの時期にこそ、あらためてしっかり殺菌洗浄しておいてください。

また、開会式直後の試合でよくあることですが、開会式には出場者が一堂に会します。必然的に、会場周辺のお店は大混雑となります。試合前の補給食や水分をそこで揃えようとしても、他のアスリートも同じように考えているので、予定していた時間通りには手に入らないようなイレギュラーな状況も珍しいことではありません。いつもは普通に買えるはずのおにぎりなどは売り切れが当たり前と思っていたほうがいいでしょう。家から持参するということは、こういう事態にも対応できることになります。人が多くなることが想定される時は、常に時間を前倒しにして行動することをあらかじめ考えに入れておきましょう。

本番の会場で慌てないということは、精神的な余裕ばかりでなく、時間を有効に使えることにもなります。本番は、誰にとっても非日常には違いありませんが、その**非日常をできる限り日常に近づけられれば、それはアスリートにとって、大きなアドバンテージになります。**

スポーツ栄養のツボ

シミュレーションで満足するべからず!

本番でうまくいくように想定できることも大切ですが、この時期は、うまくいかなかったことも大いに意味があることです。うまくいかなかったことで、何が足りないかを発見することができます。これは、シミュレーションしてみないとわからなかったこと。次に活かして、準備を万端に整えていけばいいことです。

できなかった時のシミュレーションも忘れずに。本番では、シミュレーションの結果に、やろうとしていたことができないこともあり得ます。その場合の代案もある程度は考えておいたほうがいいでしょう。おにぎりが売り切れだった場合に備えて、かさばらないエネルギーバーを用意しておくとか、応援部隊に追加調達を頼める態勢を整えておくとか。小さなことの積み重ねが、大きな助けになります。

メリットとデメリットが共存 ブッフェで遠征時の体調を管理する

全体を見回して意味のあるチョイスをする

最近では、ジュニア期のアスリートでも遠征時の宿泊施設はホテルが増えているようです。

ホテルでの食事で多いのは、ブッフェスタイル。ブッフェは、いろいろな種類の食べ物が必要な量だけ食べられるというメリットがあります。しかし、その一方で、アスリートの自主性に任せすぎてしまうと、好きな食べ物だけを狙い打ちしてしまう心配もあります。

レストランでまずやるべきことは、どんなメニューがラインナップされているかのチェック。全体を把握したうえで作戦を立てます。作戦とは、主食、主菜、副菜、乳製品、ドリンク、デザートをどのように構成するかということです。

主食にごはんを選ぶ場合は、普段食べている量で問題ありません。朝食にはお粥がある場合もありますが、お粥はごはんに比べて糖質量が少ないのでエネルギー源としては物足りないことがあります。ただし、お腹の調子がよくない時には助かるメニューです。

主食がパンの場合は、ちょっと注意が必要です。アスリートは、えてしてフランスパンや食パンよりもクロワッサンやバターロールを好む傾向があります。特に、クロワッサンはかなりバターを含んでいるので脂肪の摂りすぎが心配です。試合期の遠征中にわざわざ選ぶものではないので、フランスパン、食パン、ロールパンを選ぶようにしてください。これらのパンは、トーストすると消化もよくなりますし、アスリートが嫌いがちなパサパサ感も少なくなります。スープと一緒に食べるのも一案です。おかずをはさんでサンドウィッチにすればおいしさもアップし、手早くいろいろな栄養素がとれる主食に変身します。糖質源としては、他にもパスタ、芋、豆類があるので、組み合わせて必要量をカバーできるようにしましょう

アスリートの注目は、主菜の肉類に集中することでしょう。ベーコン、ソーセージ、ハムを好きなだけ食べてしまえば、いうまでもなく脂肪の摂りすぎになります。ちなみに、一般的にこの並び順は脂肪の多い順になります。タンパク質もしっかり摂りたいので、このような肉

選び方次第で高カロリー高脂肪になってしまう

食品名	エネルギー(kcal)	脂質(g)
ゆで卵(卵1個分)	76	5.0
ポーチドエッグ(卵1個分)	82	5.8
目玉焼き(卵1個分・油5g)	122	10
スクランブルエッグ(卵1個分・バター10g・牛乳10ml)	157	14.0

食品名	エネルギー(kcal)	タンパク質(g)	脂質(g)
ベーコン(1.5枚・30g)	144	4	12
ソーセージ(1.5本・30g)	96	4	9
ロースハム(2枚・30g)	59	5	4

ブッフェの主なメニューのエネルギーと脂質の量

加工品ならハムを2枚程度にするか、肉野菜炒めや焼き魚のようなものがあればそちらを選ぶようにしましょう。

和食は低脂肪の傾向だが、塩分に注意

主菜には、卵料理を1品加えて、タンパク質を補強しておきたいところです。ボイルドエッグ（ゆで卵）やポーチドエッグに比べると、スクランブルエッグやオムレツはバターが入る分、脂肪分は高めになります。どの調理法にしても、摂る量の目安は卵1個分で十分です。

ブッフェの特徴のひとつにサラダバーがありますが、試合当日にたくさん生野菜を食べると身体を冷やすことになるので注意が必要。マヨネーズで和えたものは脂肪が多いので特に試合前は避けたほうが無難です。また、ごぼうなど食物繊維の多いものは、おなかに不快感をもたらすこともあるので、わざわざ試合前に食べることはありません。

サラダバーが充実しているところでは、彩り豊かにするようにチョイスするといいでしょう。お皿がカラフルになるということは、いろいろな種類の野菜が入っているということで、摂れる栄養素も豊かになります。ドレッシングは、一般的にサウザンドのようなクリームタイプのものより、イタリアンなどのセパレートタイプのもののほうが、脂肪分は少なめです。

ドリンクは、柑橘系100％果汁や野菜ジュースのジュース類と、コーヒー、紅茶、牛乳が選べることが多いようです。コーヒーや紅茶は食後のお楽しみとして、フルーツジュースや野菜

ジュースは、ビタミン・ミネラル類の強化につながります。甘すぎると感じる場合は、水で薄めても問題ありません。

最後はデザート系。ヨーグルトがあれば、カルシウムと乳酸菌を補強するために1カップを目安に食べましょう。遠征時に腸の状態を崩しやすいアスリートには特におすすめです。海外では、水の問題で生のカットフルーツは心配な国もありますが、国内なら大丈夫。むしろ、積極的に食べたいところです。ミネラルバランスを整えるカリウムや、エネルギー源の糖質が豊富なのはバナナ。風邪気味の時にはぜひ摂っておきたいビタミンCを狙うならイチゴやキウイフルーツ。疲労回復のクエン酸が多いのは、みかんなどの柑橘類です。

和食の場合は、洋食に比べて脂肪が少なくて済む強みがあります。主菜の焼き魚も肉とまったく遜色のないタンパク質源。納豆や豆腐など、大豆製品があるのもアスリートにとってはうれしいポイントになります。その一方で、漬け物や味噌汁など塩分が多くなりすぎないように注意も必要です。

数日間にわたる滞在であれば、洋食と和食でローテーションを組むといいでしょう。飽きることもなく、いろいろな食べ物を摂ることができます。

スポーツ栄養のツボ

王様ジュニアは注意!!

宿泊先で、食べ方以上に、引率する保護者や指導者の方にお願いしたいのは、行儀と礼儀。遠征の興奮に加えて、取り放題のブッフェとなればジュニア期のアスリートははしゃぎがち。公共の場での社会性を身につけることも競技力と同じくらい大切な力で、それを鍛えるいい機会にしてほしいと思います。

また、取り方のアドバイスをしながらも、アスリートの自主性も重視してください。なかには、皿に取るのさえ面倒くさがったり、皮をむくのが面倒、フタを開けるのが面倒なんていう「王様」がいることがあります。自分で食べる力、それは生きる力そのものでもありますから、させるべきところはさせるようにしてください。

実力を発揮する秘訣を盛り込む目指すべきお弁当の姿

栄養素の確保と痛み防止がポイント

近場の遠征や試合期は、お弁当の出番も増えてくるでしょう。お弁当は、できる限り手作りのものにしてほしいと思います。「愛情の隠し味」のようなこともそうですが、より現実的な理由があります。

コンビニや弁当チェーン店のお弁当は、どうしても揚げ物が多くなり、ソース類もマヨネーズやタルタルなど脂肪が多くなり、その一方で野菜は少なくなりがちです。試合の日に揚げ物メインのおかずで脂肪をたくさん摂ってしまえば、おなかにもたれて実力が発揮できない恐れが出てきます。**食材にも調理法にも、いつもはしないようなこだわりをする必要はありません。逆に、シンプルなもののほうが、慣れているものを食べられるので適しているくらいです。**

まず、お昼の時間帯に少なくとも30分以上の時間を取ってお弁当が食べられ、その前後すぐに試合や練習がない場合。お弁当の主食のごはんの量は、年齢、種目、身体の大きさで左右されるので、一概にいうのは難しいですが、大まかな目安としては、男子の中学生で300~400g、高校生から大学生で400~500gを目安にしてください。500gのごはんは、食パンに換算すると6枚切りで4~5枚です。そのうえで、お弁当全体のエネルギー量は中学生以上の男子で1000kcal以上。女子で700~800kcalを目安にしてください。**内容によって違いは出ますが、大まかな目安として1リットルの水が入るお弁当箱に主食、主菜、副菜を詰めた場合、だいたい1000kcalになります。**

おかずは、肉、魚、卵のタンパク質源のおかずを1~2品。野菜のおかずを1~2品。別に、ヨーグルトなどの乳製品や果物は補食としてプラスしてもいいでしょう。

しっかり加熱した揚げ物は、衣もあるので傷みにくいという意味ではお弁当に最適なおかずのひとつですが、前述の通り、試合期のおかずにするには消化が悪いので、衣が厚く油の量が多くなるフリッターやフライは避けるようにして、衣が薄い唐揚げを1品程度ならOKですが、揚げ物に頼りすぎないようにしてください。

特に、夏場はこの傷みに十分な注意が必要です。ごはん

主食の量を調節して糖質をしっかり摂れるようにする

食品名	目安	量(g)	糖質量(g)	糖質含有率(%)	エネルギー(kcal)
ごはん	茶碗1杯	150	56	37	252
ごはん	茶碗多め1杯	200	75	37	336
ごはん	どんぶり1杯	300	112	37	504
赤飯	茶碗1杯	150	47.3	39	215
おにぎり	1個	120	47.3	39	215
もち	1個	50	25	50	118
食パン	6枚切り1枚	60	28	47	158
うどん(ゆで)	1玉	210	45	21	221

主食に含まれる糖質量

とおかず、そしておかず同士は仕切りで区切る。おかずは煮切るなどして水分をなるべく少なくする。冷めてから詰める。酢や梅干しをうまく使う。なるべく湿度が低い状態で携帯する。これらの条件が揃うようにしましょう。夏場は、**お弁当箱を入れる袋の中に、一緒に保冷剤も入れたいところですが、凍らせた一口サイズのフルーツゼリーをいくつか入れておくと、保冷剤と冷たいデザートの一石二鳥になります。**食べる時は混ぜたり乗せたりして食べるにしても、お弁当に入れる時は、ごはんの上にいろいろおかずを乗せるのではなく、区切って詰めるか別容器に入れて、食べる時に一緒にするほうが安心です。

当日用は「小分け」と「手軽」がキーワード

試合当日などは、試合がお昼時にかかったり、試合時間が読めなかったり、移動時間などでゆっくりと食べられなかったり、食べる場所もスタンドだったり、競技場内の狭いスペースだったりする場合もあります。このような状況が予想される時のお弁当は、「小分け」と「手軽」がキーワードです。**食べられるタイミングで、何度かに分けても食べられて、片手でも食べられること。この条件に合致するのが、おにぎりやサンドウィッチです。**小さめなものを数個用意しておきます。

おにぎりもサンドウィッチも、ラップで包んでおけば、手を洗う場所がなくてもラップをはがしながら食べられます。小さめにしておけば、片手でも楽に食べられますし、移動中や試合の合間などでも何度かに分けて食べられます。

おかずも手で直に触ったり、箸を使わなくてもようじやフォークで食べられるように、小さめなかたまりになるよう工夫するとさらに手軽になります。

市販のお弁当ではどうしても不足しがちな野菜類は、手作りなら筑前煮などの煮物や野菜炒めやきんぴらゴボウなどの炒め物、茹で野菜は、鍋から上げたあとに余熱で水分をしっかり飛ばせば傷みにくいおかずになります。サラダなどの生野菜は、万全を期すためにも別容器に入れるようにしてください。傷みを気にすると、つい濃い味付けにしたくなりますが、加減を間違えないでください。**味が濃すぎると喉が渇いて、本来は運動に合わせて行いたい水分補給の計画に影響が出てしまうことがあります。**

そして、おにぎりをにぎる時は、直ににぎらず、ラップを使ってにぎり、一度外してしっかり冷ますこと。生野菜を扱う時は、手を十分に洗うこと。そのあとに温度差があるところを持ち運び、食べるまでに時間の空くお弁当は、家で食べる食事を作る時以上の衛生面での配慮が必須事項になります。そして、この配慮はしすぎて困ることはありません。

スポーツ栄養のツボ

思わぬ敵「食中毒」を防ぐには？

これだけ情報が浸透している時代になっても、毎年のようにスポーツ大会での食中毒は発生しています。力をつけるべきお弁当が原因で、勝負の場に立てなくなってはアスリートは泣くに泣けません。

本文に書いたポイント以外にも以下のことに注意して食中毒予防を徹底してください。よく洗浄した調理器具とお弁当箱を使って作る。可能なら包丁とまな板を肉とその他の食材で使い分ける。加熱の必要な冷凍食品を使う場合はしっかり加熱する。スタンドなどに置く場合は、チームでまとめてクーラーボックスに入れる。なるべく作り置きしたものは使わない。

食中毒が多いのは、6～10月の夏場が中心ですが、冬でもその半数くらいは食中毒は起きています。冬だからと油断しないようにしましょう。

シミュレーションを結実 試合当日の実戦的補給法

食べられない時は ジェルの力を借りる

試合当日に食べるものの考え方は、エネルギー源を体内で最大限に貯められるように糖質中心であること、摂ったエネルギー源をうまく使うためのビタミン・ミネラル類の確保、そして、摂ったエネルギーを速やかに使え、内臓の負担を減らすために消化のいいものであることです。

食物繊維は、普段だと不足しがちなので摂ることをすすめる栄養素ですが、試合当日はちょっとした違和感も感じないようにしたいので、**腸内でガスを発生させる可能性のある食物繊維を多く含むものは避けたほうが無難**です。

早朝に試合がある場合は、事前にシミュレーションができていれば、試して調子のよかった食べ物を開始時間の1～2時間前に食べておきましょう。基本は、消化のいい糖質源です。

もし、どうしても起きるのが間に合わなかった場合は、直前に無理してたくさん食べるのはおすすめできません。**よく噛まずに慌ててご飯やパンの糖質源を食べたとしても、消化吸収が間に**

合わないので、試合中のエネルギー源としては利用できないばかりか、おなかの負担になって身体の動きに影響してしまいます。起きられなかったり、緊張で食事が喉を通らない場合は、焦らず、緊急対応のエネルギー源として即効性のあるものを考えましょう。たとえば、食べ物ならバナナ。バナナも喉を通らないようであれば、エネルギージェル、タブレット、ゼリーの力を借りることにしましょう。まったく食べないということは、競技をするエネルギー源が摂れていないということですから絶対に避けたいところです。また逆に、普段

スポーツドリンクは目的に合わせてチョイス

メーカー名	ドリンク名	エネルギー(kcal/100ml)	ナトリウム(mg/100ml)
日本コカコーラ	アクエリアス	19	34
	アクエリアスゼロ	0	33
	アクエリアスビタミンガード	17	24
大塚製薬	ポカリスエット	27	49
	アミノバリュー	12	49
	エネルゲン	24	49
サントリー	ゲータレード	26	48
	プロテインウォーター	9	11
キリン	アミノサプリ	9	55
	LOVES SPORTS	16	44
	キリンサプリ	20	0～3
明治乳業	ヴァームウォーター	0	24
	ヴァーム	約26	約53
味の素	アミノバイタルボディリフレッシュ	13	16
	アミノバイタルウォーター（1袋1リットルの場合）	10.8	46
ダイドードリンコ	スピードアスリート	19	39
サッポロ飲料	イオンチャージウォーター	14	50
アサヒ飲料	スーパーH_2O	13	26

市販のジュース類に含まれるエネルギー量と糖質量（100gあたり）

は食べないのに、本番前になると試合が近い時間帯にもかかわらず、何かを食べようとするケースも見受けられます。ここで慣れないことをするメリットはほぼないといえます。

連戦は、小分けのおにぎりでその都度補給

お昼前後の試合の場合は、まず、朝食は糖質源をきちんと摂れるメニューを普通に食べて、そこを起点とします。そして、試合開始時間の3時間前のおなかの状態をチェック。おなかが空いているくらいに間隔が空いていれば、通常の昼食を摂っても大丈夫です。

3時間前ではまだおなかが空かないようなタイミングで試合開始時間が設定されているのであれば、その3時間前におにぎりやパンをひとつくらい補食として摂るか、朝食自体を軽めにしておいて、昼食を糖質中心の朝食と同じような軽めの食事を摂るという方法が考えられます。

ジュニア期のアスリートの場合は、試合が夜になる場合はほぼないと思いますが、夕方になる時は、朝食と昼食は普通に食べて、試合開始3時間前に補食を摂るか、昼食を軽食にして3時間前も軽食にするというパターンが考えられます。試合当日は、イレギュラーなことにも対処できるように、食事の量は普段より軽めにしておきましょう。**食べてしまったものをあとから引くことはできませんが、足りないものは補食でフォローできます。**

連戦でその試合間隔が2時間以内というような短い場合は、先の試合で使ったエネルギー源の補充に全力を尽くす必要があります。お弁当の工夫のところで書いた小さなおにぎりやサンド

ウィッチを1~2個食べておくといいでしょう。間隔がさらに短い場合は、エネルギージェル等でフォローしておく方法もあります。

食べる補給だけでなく、水分補給も抜かりなくしておきましょう。暑い日など、汗をたくさんかきそうな場合は、水だけではなくスポーツドリンクも利用。スポーツドリンクは、糖質濃度3~8%程度のものが一般的ですが、運動中は甘さを強く感じることがあります。でも、薄めてしまうと必要なナトリウム濃度まで薄まってしまうので、甘すぎると感じるなら、1.5倍程度に薄めて塩をちょっと加えてナトリウムをプラスしたいところです。

長引く試合の途中や、試合と試合の合間などにエネルギー補給も兼ねたい時は、ウォータージャグを2つ用意し、ひとつに水、もうひとつにスポーツドリンクを入れておき、ちょっと喉が渇いた時は、水だけ。汗をかなりかいて、でも甘すぎないほうがいい時は、スポーツドリンクを水で割る。エネルギー補給を優先したい時は、スポーツドリンクのみと使い分けられるので便利です。

スポーツ栄養のツボ

ブッフェを活用!? 補食携帯のすすめ

試合当日のお弁当は、エネルギーを確保するため、どうしても糖質が中心になります。しかし、当日といえども他の栄養素の必要量が少なくなるわけではありません。糖質の優先順位が高くなるということです。

お弁当箱の中だけで他の栄養素を十分にまかなえなければ、補食として別に携帯しましょう。角チーズ、みかんなど皮付きで携帯しやすいフルーツ、カップヨーグルトやカップゼリーなどは、チョコッと補給に適した形状をしています。チームならクーラーボックスにまとめて、個人なら保冷剤とともに、冷やした状態で持ち運ぶと傷みの心配が少なくなります。これらの食べ物は、ホテルのブッフェでもよく並んでいるもの。自分たちで確保するのが難しいようであれば、宿泊先のホテルと交渉して用意できるか尋ねてみてもいいかもしれません。

試合期

リカバリー&キープ
連戦時の試合終了後のアプローチ

終了後30分以内に糖質＋タンパク質

大きな大会では、数日にわたって試合が続くケースもあります。試合が続けられるということは、だいたい勝ち続けていることなので、うれしいことではありますが、緊張感を維持する必要が出てきます。

ひとつの試合が終わったあとに考えるべきは、疲労回復。**試合直後は、ホッと気を抜きたい気持ちもわかりますが、その前に「儀式」を済ませておきましょう。試合終了後のできれば30分以内に糖質源とタンパク質源を補給してください。**試合で酷使し、傷ついた身体にエネルギー補給をし、さらに修復するためです。実感として疲労がなくても、筋肉や組織には確実に負担がかかっています。さらに、試合直後は、内臓も疲れているので、消化のいいものであることも前提となります。場所や時間の問題でゆっくり補給できない時は、柑橘系のフルーツが入ったヨーグルトなどが手軽に食べられます。補給する時間と余裕がある時は、果物とヨーグルトという組み合わせや、おなかが空いていれば、チーズパンに100%果汁という方法もあります。

試合終了後30分以内に補給ができない場合は、帰路のどこかのタイミングで何とかする時間を作りたいところ。コンビニで買ってもOK。おにぎりやパンなどの炭水化物源と果物、フルーツジュース、乳製品を組み合わせて補給しておきましょう。遅い時間になっていなければ、試合当日用に小分けにしておいたおにぎりも活用できます。ただし、**帰路が遅くなって、おにぎりを作ってからかなり時間が経ってしまっているようなら、傷みも心配になってくるので、買ったほうが安心です。**

運動直後（2時間以内）に糖質を摂ると、速やかな回復につながる

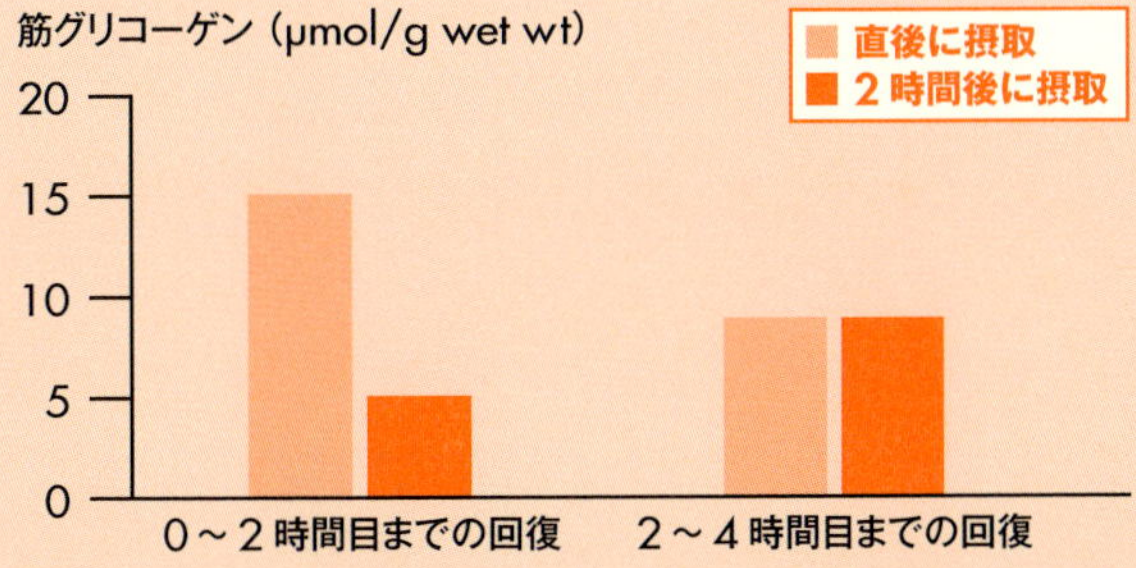

運動後の糖質の摂取タイミングによる筋グリコーゲンの回復の違い

（Ivy JL et al:J Appl Physiol 64:1480-1485,1988 より）

精神面も考慮して食事に導く

試合直後には、以上のような補給をしたいところですが、持久系競技などでは食べる気にもならないほど疲れていたり、試合結果に精神的ダメージを受けて食欲などないということもあるでしょう。

どんなに疲れきっていても、どんなに落ち込んでいても、必要な栄養素を摂らないことには次への備えはできません。ドリンクやゼリーなど、喉を通りやすいもので補給するといいでしょう。

試合が日をおかずに連戦の場合は、食事は、エネルギー源重視の高糖質の食事を維持します。身体の中のグリコーゲンの貯蔵量をなるべく高めに保っておくためです。気持ちとともに、身体も臨戦態勢をキープするわけです。ただし、疲労回復のためのビタミン・ミネラルは忘れずに。

毎日連戦でなくとも、試合間隔が1～2日の時は、高糖質の食事を基本にするようにします。次の試合までが3日以上空きながらの連戦の場合は、次の試合の2日前から高糖質食にしていくといいでしょう。

高糖質食が基本となる場合も、3日程度続くような場合は、他の栄養素への意識を再び高める必要が出てきます。タンパク質やビタミンやミネラル類をしっかり確保するようにしてください。

試合が続く時は、全力を尽くしている雰囲気から、アスリートはもちろん、周りの保護者や指導者の方もエネルギー補給だけに走りがちになります。しかし、**競技によっては、試合での消費エネルギーは、実は練習での消費エネルギーより少ないこともよくあることです。**特に、陸上や水泳の短距離、投てき種目などの瞬発系はそうなる傾向があります。

にもかかわらず、練習の時と同じようなエネルギー量を摂っては過剰になることになります。1試合だけの出場ならまだいいのですが、連戦になると、過剰分が後々の試合に影響を与える可能性があります。指導者の方は、試合での消費エネルギーをできるだけ正確に把握するようにして、その後の食事量をうまく調整するようにしてください。

保護者や指導者の方に忘れないでほしいのは、精神的なケア。精神的な疲労は、肉体的な疲労以上に、周囲からはわかりにくいものです。そして、トップクラスのアスリートになるほど、それを周囲に見せないようする傾向があります。身体の疲労へだけではなく、心の部分にも目を配るようにして、適切な食事をうまく摂れるように導いてあげてほしいと思います。

スポーツ栄養のツボ

差し入れはアスリートへのもてなしと心得よ

試合前後は、保護者の方の気合いの入り方も相当なものになるようです。その気合いは、差し入れに表れてきます。差し入れは、あくまでアスリートのためが大前提。気持ちはわかりますが、保護者の方の自己満足や自己表現になっていないか注意する必要はありそうです。

現場として困ってしまうのは、肉などの生鮮食品。食事計画は、差し入れを期待して立てているわけではないので、その分が「過剰」になる可能性が高い。ケーキのような生菓子やスナックなどのお菓子類も、アスリートはうれしいかもしれませんが、それをコントロールしている時期なので、我慢比べになってしまいます。

喜ばれるのは、エネルギージェルやエネルギーバー。その時食べられなくても保存が利きます。当日用なら、カッププリンやプチゼリーもちょっとした口直しになります。ゴミの始末のしやすさや食べやすさまで考慮に入れれば完璧です。

アレルギーの予備知識①

アスリートと食事の関係を考える時、アレルギーの話を避けることはできないでしょう。スポーツ栄養の側面から、いくらこんな時にはこれを食べるとよいでしょうとすすめても、その食べ物がアレルゲンであった場合には、情報としての価値はないに等しいことになってしまいます。

アレルギーには、専門家のアドバイスが不可欠です。そして、アスリート自身の自覚とアスリートを支える保護者や指導者の理解とサポートも必要です。このページと130ページでは、主なアレルゲン別の対応策の基礎知識として役立つ表を紹介します。

卵がアレルゲンのときに除去する食品と代替食品の例

反応の強さ	卵・鶏肉が含まれる食品	他の食品との加工品	代替食品
強	**卵が多量に使われている食品** （鶏卵、うずら卵(生、ゆで卵) たまご焼き、目玉焼き、 オムレツ、茶碗蒸し）	**すじこ・イクラ・たらこ** **卵と植物油脂が使われている食品** （インスタントラーメンなどの 卵の入っているインスタント食品、 マヨネーズ） **卵・牛乳が使われている食品** （アイスクリーム、プリン、ケーキ、 ミルクセーキ、カステラ、 あわゆき、丸ボーロ） **その他** （生そば(つなぎに卵を使ったもの)、 ハム、ソーセージ）	アレルギー用ラーメン、 スパゲッティ、ひえめん、 アレルギー用マヨネーズ、 重曹やイーストで作ったケーキ・ パン・ビスケット、 卵の入っていない和菓子、 シャーベット、 卵成分を含まないハム・ ソーセージ・ウインナー
中	**鶏肉・鶏肉を使った手作り料理** **卵を少量使った手作り料理や菓子** **卵が少量入った食品** （チキンコンソメ、卵つなぎの めん類、かわらせんべい、 卵ボーロ、卵の使われた菓子、 インスタントスープの素、 かまぼこ・竹輪・はんぺんなどの 練り製品、すり身の一部、 天ぷら粉）	**卵・牛乳・植物油脂が** **使われている食品** （ビスケット、クッキー、かりんとう、 インスタントココア、 カツ、フライ、 天ぷらの衣(市販品、冷凍)、 食パン、菓子パン） **すじこ・イクラ・たらこ以外の** **魚の卵** （かずのこ、うに、ししゃもの卵、 はたはたの卵）	うさぎ肉、きじ肉、七面鳥、 ホロホロ鳥、かえる肉、 純粋な小麦粉、かたくり粉、 コーンスターチの衣やつなぎ、 アレルギー用スープの素、 アレルギー用練り製品・ 自家製すり身
軽	**微量の混入があるもの** **酢・果実酢の一部** （メープルシロップ、はちみつ、 コンソメスープ）	鴨・合鴨の肉	

（小児・学童期の疾患と栄養食事療法・渡邊早苗　寺本房子　他編　建帛社より）

食トレ年間計画

オフ期

舞い降りてきたアスリートが
どこかへ行ってしまわないように
がんばりを評価して
心に誇りをそっと植えつけて
安らぎを

オフ期

休養という名のトレーニング 完全オフ期の過ごし方

エネルギー過剰になる条件が揃っているオフ期

大きな試合や大会は、終わればそのあとの試合までにはしばらく時間が空きます。実力を発揮できればなおさら、仮に発揮できなかったとしても、最後の試合直後は、アスリートはいろいろなことから解放された気持ちになるはずです。

今まで我慢していたやりたいことをして、食べたかったものを好きなだけ食べたいと思うことでしょう。でも、内臓はまだ試合の余韻から解放されていません。タフな戦いをしたらしただけ、疲れを溜め込んでいます。**いきなり打ち上げと称して焼き肉三昧は絶対に避けましょう。**脂肪の多いものや揚げ物は試合前と同様に控えてください。試合後しばらくは、消化吸収のよいものを中心に食べて、内臓をいたわってください。

そして、多くの競技では、準備期に入るまでがオフ期になります（準備期に入るまでの期間が1～2週間程度と短い場合は、P82の項を参照）。競技によっては、完全オフになる期間が比較的長いものもあります。**完全オフ期は、心と身体を、練習の負荷や精神的重圧から解放し、リラックスとリフレッシュしながら次のステージに備える期間です。**アスリートは、「完全オフ」の意味を、好きなことをするか、何もしなくていい期間とはき違えがちですが、次に備えるという確かな意味があることを再確認しておいてください。

完全オフ期に注意したいのは、やはり摂取エネルギー。練習量が激減するオフ期は、余分に摂ったエネルギーが体脂肪になるのに十分な期間になります。しかも、コンディショニング期や試合期のように、一定以上の運動を日常的に行っている時期は、身体に負荷がかかっている時に、身体の消化吸収能力は落ちますが、完全オフ期は内臓がフル回転できる状態にあるため、消化吸収能力が高くなり、同じものを食べてもエネルギー過剰になりやすいといわれています。

内臓のコンディションを整える食物繊維に注目する

不溶性食物繊維の含有量が多い食べ物

干し柿　えんどう豆　あずき　大豆、干ししいたけ　切り干し大根　きな粉　かんぴょう
モロヘイヤ　栗　納豆　ブロッコリー　ごぼう　玄米　こんにゃく　ほうれんそう　エリンギ

水溶性食物繊維の含有量が多い食べ物

干し柿　枝豆　モロヘイヤ　干しあんず　ごま　いんげん豆　切り干し大根　トマトジュース
あしたば　温州みかん（じょうのう含む）　大豆　さつまいも　ブロッコリー　高野豆腐　春菊

オフ期こそ体重管理はしっかり実施する

さらに、悪条件は続きます。エネルギーを消費する効率というのは、活発に運動している時とそうでない時を比べると、運動をしている時のほうが摂ったエネルギー源は効率よくエネルギーに変換され、消費されます。**運動をしていない完全オフ期は、エネルギー消費効率も落ちるため、よりエネルギー過剰になりやすくなってしまうのです。**

完全オフ期には、体脂肪増加による体重増量になりやすい条件と環境が揃ってしまっています。ジュニアアスリートの場合、練習が休みになって指導者の方の目が届きにくいなら、保護者の方と連携して定期的な摂取エネルギーのチェックをするようにしてください。また、完全オフ期も目標体重を決めて、毎日、体重と、できたら体脂肪も測るようにすると、アスリート自身でも管理がしやすくなります。

ただし、この目標体重は現実味のあるものにしてください。成長期で、しかも完全オフ期となれば、多少の増加は許容範囲と考えてほしいと思います。準備期は、そのような増えた体重を整える期間でもあります。準備期でスムーズに適正体重に戻るような増加は問題はありません。また、逆に練習のないオフ期だからといって、エネルギー量を必要以上に抑えることもありません。成長期には、基礎代謝も高いうえ、成長に必要なエネルギー量もあります。極端なエネルギー制限は、体調を崩し、体力を落とすことになります。このマイナスのツケは、準備期が負うことになり、練習への復帰が遅れることになってしまいます。

悪条件が重なるような時期ですが、考えようによっては、増量したい選手にとっては有利な時期ともいえます。P70から参考にしながら、計画的な増量に取り組んでみてください。

日常の食事の基本的な考え方は、何かの栄養素にターゲットを絞った食事ではなく、全網羅型の、いわゆる「バランスのいい食事」を目指します。つまり、主食、主菜、副菜、乳製品、果物が1食の中だけでは無理でも、1日の中で揃い、なるべく多くの食品が入る食事です。このスタイルを目指せば、糖質、タンパク質、脂質、ビタミン、ミネラル、そして、腸の掃除役となる食物繊維（P115の表参照）などの栄養素とエネルギーの必要量はある程度あとからついてきます。

そして、リフレッシュとリラックスして心と身体の疲れが取れたら、身体を動かし始めること。運動が習慣づいたアスリートは、身体を動かせない期間が長くなると、それがストレスに感じてくるものです。身体を休めることだけが休養ではありません。徐々に身体に刺激を与えて、来る準備期に備えるようにしましょう。

スポーツ栄養のツボ

夏のオフと冬のオフでは違いがある

夏が完全オフになる競技のアスリートは、糖質ばかりにならないように要注意。夏は、かき氷、スイカ、アイスクリーム、そうめんなど冷たい糖質源がおいしく感じる時期です。これらの食べ物は、それだけで食べることが多いので、ビタミンB_1やタンパク質の不足につながりやすくなります。その先に待っているのは、体力ダウンの夏バテ。体重が減っていないから大丈夫と思っても、身体の奥底には、疲れが溜まってきていることがあります。

冬が完全オフになる競技は、脂肪の摂り過ぎに要注意。運動以外の活動量も少なくなりがちなので、体脂肪が増えやすい時期です。P82を参考にうまく乗りきってください。

オフ期

中身を知ってつきあう お菓子やジュースとのうまい関係

和菓子なら低脂肪で栄養素も期待できる

オフ期の楽しみを、それまで我慢してきたお菓子やコーラやソーダなどのジュースに決めていたアスリートも少なくないはずです。いうまでもなく、お菓子もジュースも立派な食品です。存在自体は悪者ではありません。問題は、食べ始めたら止まらなかったり、習慣になってしまうことです。

先に書いたように、オフ期は余分なエネルギーが体脂肪になりやすい時期です。そして、特に洋菓子は、ほとんどが砂糖のような精製された糖質（以下糖分）と脂肪でできていて、ジュースはほぼ糖分です。**お菓子やジュースを好き勝手に飲んでしまうということは、体脂肪の原料をどんどん取り込んでいるようなものなのです。**お菓子が大好きなジュニア期のアスリートや女性アスリートといえども、アスリートであるならば一定の制限は必要になります。

お菓子は、洋菓子より和菓子のほうが低脂肪の傾向にあります。たとえば、似た感じのものを比較してみましょう。

黒糖蒸しパンとドーナッツ。蒸しパンのほうが脂質はかなり少なめです。使っている砂糖も、蒸しパンはミネラル分を含む黒糖ですが、ドーナッツのほとんどは精製されてミネラル分がほとんどない砂糖です。**大福とショートケーキ。大福のほうが圧倒的に低脂肪で、さらに小豆を使っているのでビタミンB群や食物繊維を含みます。**おせんべいとポテトチップス。薄焼きで揚げていないタイプのおせんべいであれば、糖質量はポテトチップスの1／20程度のものも珍しくありません。米と芋では、もともとお米のほうが炭水化物が多いので、おせんべいのほうが炭水化物を多く含みます。

洋菓子のデメリットは、栄養価が低いのにエネルギー量が多いので、食べることで、食事のエネルギー量であれば摂れていたはずの栄養素の分が摂れなくなってしまうことです。和菓子であれば、糖分は少なくないとはいえ、余計な脂肪をとらなくて済むうえ、多少なりとも意味のある栄養素も摂ることができるのです。お菓子は嗜好品なので、好みはあると思いますが、食べる機会も増えるであろうオフ期には、和菓子を選びたいところです。

「ちょっと1本」が砂糖の摂りすぎにつながる

商品	エネルギー量(kcal)	糖質(g)
A社サイダー	42	10.4
B社乳酸菌ソーダ	48	11.8
C社ジンジャエール	37	9.0
D社コーラ	43	10.8
E社オレンジソーダ	46	11.4
F社みかん 100%ジュース	45	12.0

商品	エネルギー量(kcal)	糖質(g)
G社野菜ジュース	34	8.2
H社カフェオレ	43	8.1
I社缶コーヒー(加糖)	35	7.0
J社ミルクティー	37	6.2
K社スタミナドリンク	53	13.0
L社ビタミンドリンク	46	11.4

市販のジュース類に含まれるエネルギー量と糖質量(100gあたり)

350㎖缶でも角砂糖8個以上の糖分量

コーラやソーダなどの果汁や野菜ジュース以外のジュースは、とにかく糖分が問題になります。**砂糖の摂りすぎの一番大きな問題は、血糖値を急激に上げるため、食事が食べにくくなってしまうこと。必要な栄養素が摂れないまま、糖分だけを摂ってしまうことになります。**

砂糖には、塩のように1日の摂取目標量での制限はありません。砂糖も、糖質の一種ですから、砂糖だけの目標量は決められないのです。

大まかな目安としては、1日に体重1㎏あたり0.5gといわれますが、1日50g以内を目安に考えてください。塩は、男性で1日9g、女性で7.5gが目標摂取量ですから、それに比べるとずいぶんたくさん摂れるように思えますが、塩は少量でも味を感じられますが、砂糖はかなりの量を入れないと感じにくいものです。たとえば、お寿司を作る時に必要な寿司酢を自分で酢と砂糖と塩で作ろうとすると、驚くほど砂糖を入れることがわかるでしょう。

砂糖の1日の目安量を50gとすると、小さな角砂糖は1個3g程度ですから約17個分になります。17個という数字は多いようにも思えますが、砂糖は、いろいろな食べ物に潜んでいます。1日3食の基本の食事の中にも砂糖は入ってきます。保存性を高めるはたらきもあるので、煮物などが多くなるお弁当も砂糖は多めにならざるを得ません。

調理に使う砂糖が目安量の半分の25gとして、残りは25g。この量はカロリーゼロタイプではない普通の炭酸飲料350㎖缶で軽々オーバーしてしまうくらいのはかない量です。運動をしている時期であれば、この糖質をエネルギー源として使える場合もありますが、運動量の少なくなるオフ期では、飲んだ分が過剰になると考えたほうがいいでしょう。ここでの過剰な糖分は、体脂肪に直結します。

これが、ジュース類を控えたほうがいい理由です。よくなさそうというイメージではなく、これこれこうだからと具体的に説明すれば、頭のどこかででも納得してくれると思います。

最近は、ジュース類の甘味は砂糖ではなく、アスパルテームやフェニルアラニンなど甘味料が使われることも多くなってきました。これらの甘味料は、カロリーはないに等しいので、砂糖で心配されるカロリーの摂りすぎにはなりませんが、アスリートにとっては、甘さに慣れてしまうという点では、砂糖と変わりはありません。そして、「甘さ」以外の栄養素はほぼ皆無です。

お菓子やジュース類は、特にジュニア期のアスリートの舌にはとても「おいしく」感じるものです。禁止するのは酷ですから、正体を教えてうまいつきあい方をしてほしいと思います。

スポーツ栄養のツボ

誘惑のゼロ

カロリーゼロやカロリーオフを謳う食べ物飲み物が増えています。どうせならカロリーが低いもののほうがよさそうに思えますが、ジュニア期のアスリートには一概にいいとはいえないところがあります。

まず、本文にも書いた砂糖の甘さ。お菓子やジュース類がカロリーを低くするために標的にするのは、脂質と砂糖。砂糖は、天然の甘味料です。アスパルテームやフェニルアラニンにはない深みのある優しい甘さを持っています。人工甘味料に慣れてしまって、この違いがわからないようではちょっとまずい。砂糖の甘さがわかるには、料理やドリンクに適量だけ含まれている砂糖を味わうことです。カロリーを落とすために調整した食べ物・飲み物は、本来、その食べ物が持っていた味からは変わっています。ジュニア期のアスリートには、食べ物本来の味をまず知ってほしいと思います。

オフ期

摂れる栄養素の増強 好き嫌い克服の絶好の機会

作る過程を知れば食べ物と近くなれる

オフ期という時間を、意味のある時間にするために、特にジュニア期のアスリートにチャレンジしてほしいことがあります。それは、好き嫌いの克服です。

ほとんどのアスリートは、食べ物の好き嫌いがあると思います。好き嫌いをなくしていったほうがいいのは、マナーの面でのこともありますが、**嫌いなものがあるということは、それだけ食べられるものの種類が少なくなり、それに伴って摂れる栄養素の自由度が低くなってしまいます。**

たとえば、アスリートに欠かせないミネラルである鉄。鉄は、レバー、ひじき、かつお、小松菜、納豆などに多く含まれていますが、もし、レバーは嫌い、納豆は苦手、小松菜よりレタスのほうがいいなどということになれば、鉄を十分に摂るための食材はどんどん限られ、メニューも似たようなものばかりになってしまいます。似たようなメニューばかりになると、食べ物というのはサプリメントと違ってひとつの栄養素しか含まれていないわけではないですから、摂りたい他の栄養素にまでしわ寄せが来てしまいます。

ジュニア期のアスリートは、味覚も成長途中ですが、慣れということもあります。もう嫌いなままでいいやとならないうちに、早めに克服を目指してほしいと思います。

好き嫌いの克服法はいくつかあります。自分で作るというのもそのひとつ。作るといってもふたつあります。ひとつは、野菜などを自分で育てる方法。小学生が校庭の菜園で自分で野菜を育てたら、嫌いだった野菜も食べられたという話をよく見聞きします。校庭は無理でも、ベランダ菜園で水をやるだけでも育っていく姿を見れば食べられるようになるかもしれません。

自分で料理を作るというのがもうひとつ。私も、セミナーの時はなるべく調理実習を取り入れるようにしていますし、大学でスポーツ栄養を教えるようになった時は、そのために調理実習室を作ってもらいました。男子であろうと、自分でメニューを考え、食材に触れ、調理して

好き嫌いの傾向を知ると、対策が見えてくる

好きな食べ物 Best10	嫌いな食べ物 Worst10	好きな飲み物 Best10
1　肉	1　トマト	1　スポーツドリンク
2　焼き肉	2　無し	2　カルピス
3　カレー	3　ナス	3　コーラ
4　寿司	4　ピーマン	4　炭酸飲料
5　ラーメン	5　野菜	5　オレンジジュース
6　ハンバーグ	6　ゴーヤ	6　牛乳
7　からあげ	7　納豆	7　ミルクティー
8　魚	8　きのこ	8　サイダー
9　オムライス、米	9　しいたけ	9　紅茶
10　ステーキ	10　ニンジン	10　ジュース

中学野球選手の好き嫌い

（白夜書房刊　中学野球小僧 2009 年7月号より・全国の中学球児 1410 人のアンケート結果から）

いくことで、今まではできあがった姿しか知らなかった食べ物の別の姿を体感できます。食べ物とより近くなれるわけです。そうするとそれまで持っていた「嫌いさ加減」に変化が出てきます。

炭火焼きでおいしさをあぶり出す

保護者や指導者の方は、機会を作って、その食べ物が本当に嫌いかどうか、なぜ嫌いかをアスリートに整理させてみてください。すると、意外に、大昔に食べてあまりおいしくなかったからそのまま嫌いなものにしているとか、みんなが好きじゃないからとか、これを食べるならあれを食べたいからとか、**どうしても食べられないほど嫌いなものではない場合も少なくありません。**ただ食べなさいと頭ごなしにいうだけではなく、なぜかと説明させるようにすれば、アスリートも考え直すいいチャンスになるはずです。

嫌いなものを食べてもらう方法に、すり下ろしてわからなくしてしまうというやり方も時々聞きますが、どうしてもという時以外にはおすすめできません。それは、ただ気がつかなかっただけで、好き嫌いの克服にはならないからです。

調理法を変えてみる。味付けを変えてみる。たとえば、中学生や高校生のアスリートが嫌いなものの上位に入りやすいトマトとナス。**トマトなら、サラダではなく、トマト缶を使ってニンニクや唐辛子でピリ辛のソースにしてみる。**トマトはどうしてもサラダで生で食べないといけないわけではありません。**ナスは、油と相性がいいのでオリーブオイルを使って洋風に仕上げてみ**

る。味噌田楽など和風だけがナスの料理ではありません。ちょっとした変化だけで、アスリートにとっては新しいおいしさの発見になるかもしれません。

逆に、生で食べてみるという手もあります。たとえば、ニンジン。煮たり茹でたりしたものは、甘ったるいとかグニュグニュしているとかで嫌われることがありますが、生のままスティックサラダにすると、甘ったるさよりフレッシュな味が、グニュグニュ感よりポリポリ感が際立っておいしいとなるかもしれません。

あとは、バーベキュー。チームや仲間でバーベキュー大会を開いて、技とみんなで苦手なものを持ち寄って焼いてみるのも克服のきっかけになりそうです。**炭火で焼いたものは、家庭料理ではなかなか出せない味わいがあります。特に、野菜嫌いや、しいたけ嫌いには効果があると思います。**

ひとつ嫌いなものを減らせば、いくつもの摂れる栄養素が手に入ります。オフ期に好き嫌いを少しでも克服できれば、準備期での食べ方はずっと楽になるでしょう。

スポーツ栄養のツボ

好きになる可能性を信じて！

味の好みは、子供と大人では違います。ジュニア期のアスリートは、世の中に無数とある食べ物の味を覚えていっている最中。今、食べられなくても、年齢が上がるにつれ食べられるものが増えてくることは、保護者や指導者の方も自身で経験済みだと思います。

心配なのは、保護者の好き嫌いが食卓に反映していないかということ。もしくは、子供の食べ物はこんなものだろうと決めつけてはいないかということ。ただでさえ狭くなりがちなジュニア期のアスリートの食べ物の領域がさらに狭まってしまいますし、広がりの余地も少なくなってしまいます。好きなものだけを出し続けることも、広がりがなくなるので、避けたいところです。今、好き嫌いがあっても、その先の味覚の成長の可能性まで閉ざさないようにしてください。

オフ期

再スタートのために備える ジュニア的「引退」後の生活

進学のたびに「引退」がある

学校でのスポーツクラブに所属するジュニア期のアスリートは、上の学校への進学のたびに前に所属したクラブからの「引退」を何回か経験することになります。

おそらくほとんどのアスリートは、進学先でもスポーツを続けることでしょう。同じ競技でさらに進化しようというアスリートにとっても、違う競技で新たな才能を開花させようというアスリートにとっても、この「引退」は、大きな転機になります。

前のクラブでの引退から、進学先のクラブでの再スタートまでの期間は、長期休暇中の過ごし方より、難しい面があります。長期休暇中であれば、休みが終わったあとも同じクラブでの活動になりますから、具体的な目標がアスリート自身で理解できています。ライバルとなる選手の力量、練習への入り方や試合のスケジュールもわかっている状態です。

それに比べ、**引退から進学までの期間は、ほとんどの場合「空白期間」になりがちです。**系列校への進学であれば別ですが、**ほとんどの場合、新しい環境をすべて体感できていないので、目標や準備を設定しにくい状態にあるわけです。**

一番心配なのは、状況がわからないからといって、何もしなくなってしまうこと。この期間は、長期休暇以上に長い空白になるはずです。楽に慣れてしまうと、再起動はとてもつらい試練に感じてしまいます。せっかく運動が習慣づいた身体ですから、とにかく身体を動かすことは続けるようにしましょう。

飲み方食べ方にもちょっとした注意が必要になります。

まず、水分補給。運動をしている時は、身体が熱くなったり、汗をかいたり、喉が渇いたりするので、水分補給への意識は自然と高まりますが、ハードな練習がないこの時期は、つい水分補給への意識が薄まりがちです。水というのは、飲み慣れていないとなかなかしっかりとは飲めないものです。朝の起き抜けに、授業の合間に、放課後の学校で、家で過ごしている時に、こまめに水分補給をするようにしましょう、**ここでの水分補給は、喉の渇きをいやしたり、身体に水分を取り込むこともちろんですが、水分補給ということ自体への意識を持ち続ける意味があります。**

朝食のスタイルによって、エネルギー量はほぼ同じでも、摂れる栄養素には大きな差が出る

定食スタイルの朝食の場合 ごはん 200g、味噌汁（豆腐とわかめ）、納豆1パック、鮭の塩焼き 70g、ほうれん草のおひたし 50g、ヨーグルト 100g、いちご 50g	
エネルギー	735kcal
タンパク質	44g
脂質	13g
炭水化物	107g
カルシウム	307mg
鉄	4.4g
ビタミンC	41mg

菓子パンで済ませた場合 メロンパン1個、デニッシュペストリー1個、コーヒー加糖	
エネルギー	742kcal
タンパク質	14g
脂質	27g
炭水化物	108g
カルシウム	84mg
鉄	1.4g
ビタミンC	0mg

摂取エネルギーに目を光らせる

食べ方でいえば、量に注意することです。練習に試合にと運動量が多かった時には、その運動量に伴うエネルギー量と栄養素が必要でしたが、この時期は、身体を動かすことを継続するとはいえ、運動量は少なくなると思います。

にもかかわらず、食べる量だけが変わらないと、エネルギー摂取のほうがエネルギー消費量より多くなってしまって、体脂肪増になりやすいんです。プロ選手でも、引退後は現役時代の締まった身体からは信じられないほどに太ってしまう選手がいますが、あの感じです。

エネルギー量に注意するには、低脂肪を心がけることが基本でわかりやすい方法になります。低脂肪への意識は、アスリートの食べ方の基本でもありますが、特にこの時期はその意識を高めてください。メニューの構成でいえば、肉の量を魚や野菜にシフトしていくのが実行しやすいのではないでしょうか。**肉すべてでなくても、いつも食べていた肉の量の1／3を魚にしてみたり、野菜の量を増やすようにしてみる。**食事は、毎日の積み重ねですから、少しずつでも実行していくだけで違いは出てきます。

摂取エネルギーを控えめにするといっても、成長期のアスリートの身体を維持するためには、一定のエネルギー量は必要です。**この時期に目指したいのは、やせることではありません。体脂肪を増やさないことです。**家庭用の簡易タイプのものでもいいので、体重と体脂肪率のチェックは日課にしたいところです。ちょっと体重が増えたとしても、体脂肪率が変わらなければ、この時期は許容範囲。あまりシビアになっても息が詰まるだけですから。もし、体脂肪率が増えてきたようなら摂取エネルギーに目を向けてみてください。

チェックしたいのは、ごはん以外に食べているもの。今までは、間食も生活リズムの中に入っていましたが、それは「現役」だったからこそ。練習のない時期には必要のないものです。

練習がなくなる分、**この時期は時間に余裕も出てくる場合もあるでしょう。この機会に、ぜひアスリートたちに「食の現場」を体感させてほしいと思います。**自分の分くらいは、ごはんや味噌汁は自分でよそう。おにぎりを作るならにぎらせる。サンドウィッチなら具をサンドさせる。自分が食べるものの質感と量を自分の身体で感じてほしい。そうすることで自分が食べる食べ物への意識が高まりますし、今後、寮生活になって食事当番を任された時でも戸惑いなくこなせるはずです。

注意点ばかり書きましたが、「引退」はそれまで競技で努力してきたからこそできること。がんばったのですから、どこかで息抜きの時間もあげましょう。

スポーツ栄養のツボ

生活の前に脱皮したい「王様の食事」

進学に伴って寮生活になるアスリートも少なくないと思います。寮での食事は、家庭とは違い、大勢の仲間と決まった時間に決まったメニューを食べることになります。アスリートの場合は、学校によっては、食べる量まで決められているところもあります。いくつもの決まり事にスムーズに対応するには、進学までの期間を利用して、家庭での、周りがすべて整えてくれた「王様の食事」から脱皮しておく必要があります。苦手な食べ物を食べる工夫、量を食べる体力を身につけておきましょう。

気をつけたいのが、馴染めない環境で食堂ではあまり食べずに、部屋でこっそりひとりでスナックやインスタント食を食べること。保護者や指導者の方は、特に新入生の寮での食生活を定期的にチェックするようにしてください。

アレルギーの予備知識②

牛乳がアレルゲンのときに除去する食品と代替食品

反応の強さ	牛乳・牛肉が含まれる食品	他の食品との加工品	代替食品
強	**牛乳そのものが多量に使われている** （食品牛乳、山羊乳、コーヒー牛乳 フルーツ牛乳、ミルクココア クリープ ヨーグルト、ヤクルト、カルピス、 ジョアなどの乳酸菌飲料、 生クリーム、チーズ）	**大量の牛乳と卵や多量の植物性油脂が使われている食品** （粉ミルク、マーガリン、 インスタントカレールウ、 ホワイトソース、グラタン、 インスタントラーメン、プリン、 カステラ、アイスクリーム、 ケーキ、シェイク、チョコレート）	アレルギー用粉ミルク、 森永ニューMA－1、明治ミルフィHP、 明治エレメンタルフォーミュラ、 ココナッツミルク ピュアココア（純粋なもの） アレルギー用菜種マーガリン、 綿実ショートニングもしくは、 アレルギー用カレールウ・ホワイトシチュールウ、アレルギー用チョコレート
中	**牛肉および牛乳を使った手作り料理** **牛乳を少量使った手作り料理・菓子** **牛乳が入った市販菓子類** （バターあめ、キャラメル、 キャンディ、ドロップ、 チューインガム、シャーベット、 粉末ジュース、ソーダ） **その他** （バター、インスタント マッシュポテト、ベビーフード）	**牛乳・卵・植物性油脂が使われている食品** （食パン、コッペパン、 菓子パン、インスタントスープ、 ポタージュ、ビスケット、 ウエハース、クッキー、 ホットケーキミックス、 ハム・ソーセージなどの 加工品、豆乳）	アレルギー用菓子・パン、 ソーダクラッカー、氷砂糖、 自家製の牛乳を使用しない菓子・パン、かき氷、 牛成分を含まないハム・ソーセージ、 うさぎ肉のハム・ソーセージ、 鹿肉、馬肉、くじら肉、豚肉、 カンガルー肉
軽	**微量の混入があるもの** （果実の缶詰、 100%その他の果汁 ジュース、ゼラチン）		自家製ジュース

（小児・学童期の疾患と栄養食事療法・渡邊早苗　寺本房子　他編　建帛社より）

小麦がアレルゲンのときに除去する食品と代替食品

反応の強さ	小麦が含まれる食品	代替食品
強	小麦、大麦、ライ麦（輸入小麦で作られた食品） パン、うどん、そば、スパゲッテイ、 マカロニ、ラーメン、パン粉、天ぷら、フライの衣、 ぎょうざ、しゅうまい、春巻き、クッキー、 ビスケット、ケーキなどの小麦で作ったお菓子、 麩、輸入小麦で作られた学校給食のパン	オーツ麦、ワイルドオーツ麦、ひえ粉、 あわ粉、きび粉、アマランサス粉、キアヌ粉、 （上記の粉で作った菓子・パン、めん、ビーフン）
中	ウスターソース、粉のシナモンなどの香辛料、 カレールウ、シチューの素、国産小麦、小麦胚芽（油）	
軽	大豆しょうゆ、麦みそ、水あめ（小麦麦芽から作ったもの）、麦で作った酢（一般の醸造酢）	米しょうゆ、雑穀しょうゆ、米みそ、雑穀みそ、 米酢、りんご酢、ワインビネガーなど

（小児・学童期の疾患と栄養食事療法・渡邊早苗　寺本房子　他編　建帛社より）

1年をおいしく彩る

アスリートを育む食材100選

食事は、食材の組み合わせから生まれてくる
食材は、それぞれかけがえのない力を持っている
その力は、そのままアスリートの力になる
食材とあらためて向き合えば、力の理由がわかる

穀類

米《こめ》

日本人のエナジーフード

効能
・エネルギー源

Good! 日本人が昔から馴染んでいる炭水化物源。低脂肪なので、どんなおかずにも合わせやすい。まず、ごはんをもりもり食べられる体力がアスリートには不可欠。また、玄米や五分づき米などは、白米が失ったビタミンB群や食物繊維が残っている。ジュニア時代から玄米に慣れておきたい。

Cook! 米をつぶしたり粉にしたお餅は、消化がよく、かつ腹持ちのよいエネルギー源となる。持久系スポーツ前のエネルギー補給におすすめ。季節の炊き込みごはんは日本人の知恵。

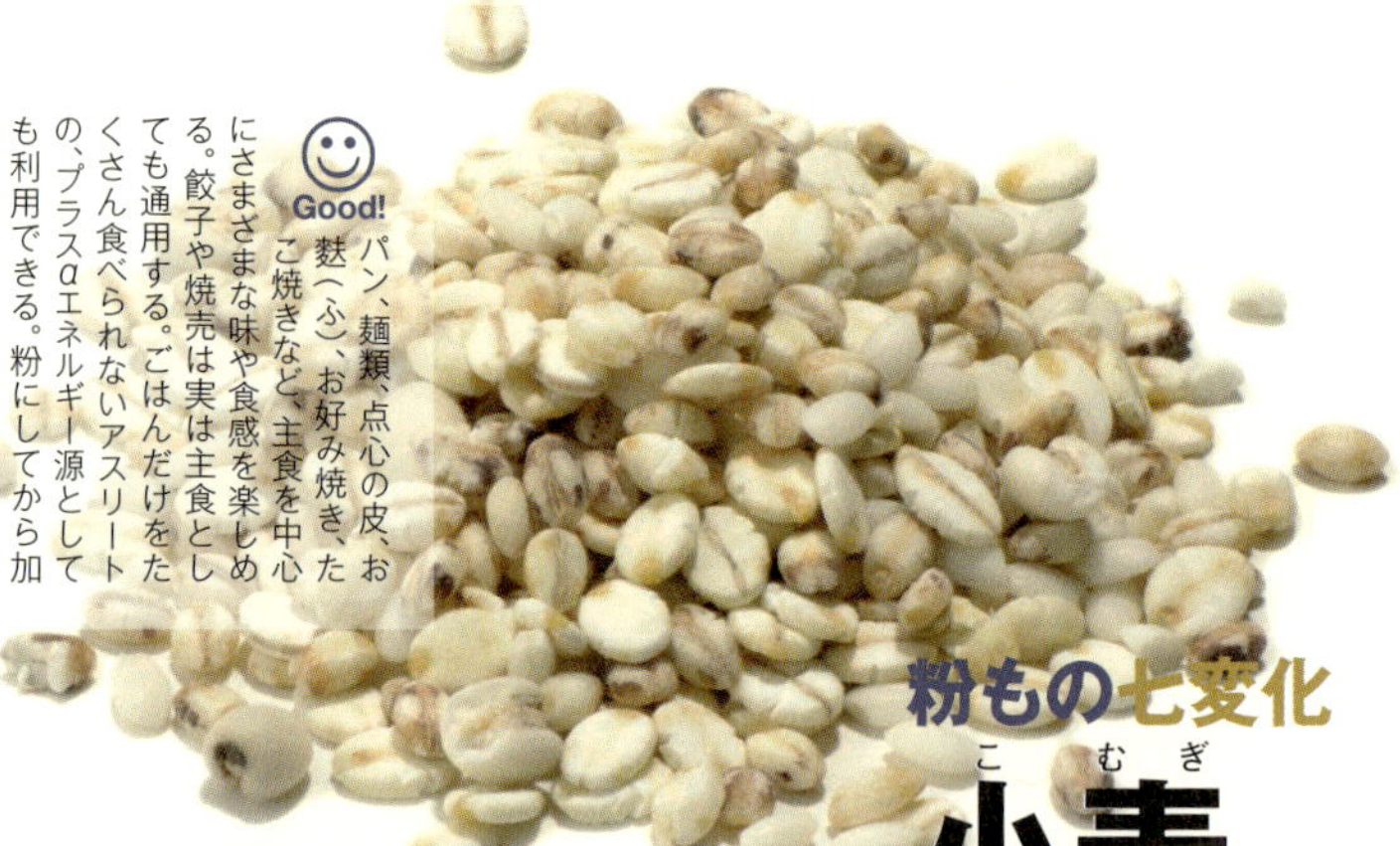

小麦《こむぎ》

粉もの七変化

Good! パン、麺類、点心の皮、お麩（ふ）、お好み焼き、たこ焼きなど、主食を中心にさまざまな味や食感を楽しめる。餃子や焼売は実は主食としても通用する。ごはんだけをたくさん食べられないアスリートの、プラスαエネルギー源としても利用できる。粉にしてから加工するので、即効性あり。

Cook! 全粒粉の小麦粉は、玄米に匹敵するビタミンB群と食物繊維を含む。うま味もあるので、「白い食パン＝パン」の方程式は、アスリートは覚える必要はない。

効能
・エネルギー源

蕎麦《そば》

温故知新ヌードル

効能
・整腸作用
・毛細血管強化
・血圧降下作用

Good! 多くのアスリートは、食べ応えや肉との相性の良さからうどん人気が高いが、そばとうどんはまったくの別物。そばは毛細血管を強くし、結果的に有酸素能力を高める可能性のあるルチンを含む。表皮や胚芽も一緒に挽いて作るので、食物繊維も豊富。

Cook! ルチンとビタミンB群は茹で汁に溶け出す。そば粉の割合の多いそばの場合、そば湯はぜひ飲みたい。そば粉を練って作るそばがきもおすすめ。しょうゆベースのドレッシングでそばサラダにすれば、副菜にもなる。

大地の粒選り
玉蜀黍《とうもろこし》

Good!

世界的には小麦、米と並ぶ三大穀類であるとうもろこしだが、日本では、主食ではなく間食やトッピングでの炭水化物強化として利用価値が大きい。穀類の中でも食物繊維が豊富。アスリートが積極的に摂りたいビタミンB群は、胚芽部分に集中しているので、食べる時は粒の根本の白い部分もしっかり食べよう。


Cook!

栄養価が落ちやすいので、買ったらすぐに調理して保存する。ジャイアントコーンやポップコーンなどは、とうもろこしの栄養価は残るが、塩分や脂質が多くなるので食べすぎに注意。

効能
- エネルギー源
- 疲労回復
- 便秘改善

芋類

ホックリエネルギー
薩摩芋《さつまいも》

効能
- エネルギー源
- 疲労回復
- 便秘改善

Good!

芋類の中ではベータカロテン、食物繊維が豊富。また、ヤラピンというさつまいも独特の成分は、腸の動きを活発にし、便秘の改善に効果がある。甘味からわかるように、炭水化物が多いので、エネルギー源確保のための補食としても利用できる。


Cook!

補食としては焼きいもが食べやすい。いつもはじゃがいもを使う煮物でも、さつまいもに代えれば、また異なる栄養素を補強することができる。

芋のシンボル
馬鈴薯《じゃがいも》

Good!

じゃがいもに含まれるビタミンCは、でんぷんに包まれているので、加熱しても壊れにくい性質を持つ。ビタミンB群、カリウム、鉄、食物繊維も適度に含んでいる。シチューやカレーなどの煮込み料理やポテトサラダなどで量を食べられるのが大きい。


Cook!

熱に強いビタミンCを持つので、加熱調理も安心してできる。ビタミンB群やミネラル類は水に溶けるので、肉じゃがなどにする時は、薄味にして汁も飲めるようにしたい。

効能
- 風邪予防
- 整腸作用
- 高血圧予防

粘る分解力
長芋《ながいも》

効能
・消化促進

Good! ながいもの栄養素的特徴は、豊富なでんぷん消化酵素。ごはんの消化をよくすることは、エネルギー源を効率よく活用できることになるので、アスリートにとって大きなメリットとなる。

Cook! 強力なでんぷん分解酵素であるアミラーゼは、生で、かつすり下ろすことで効果を発揮するので、とろろは理にかなった食べ方。

頼れるぬめり
里芋《さといも》

効能
・免疫機能向上
・消化促進
・整腸作用

Good! 芋類の中では水分が多く、低カロリー。独特のぬめりは、ガラクタンとムチンという成分。ガラクタンは、脳細胞の活性化や免疫機能を向上させるはたらきがあるといわれ、ムチンは胃腸の潰瘍予防になるとともに、タンパク質の消化作用もある。

Cook! 煮っころがしの他、けんちん汁や豚汁の必需品。ぬめりは栄養素であるが、調理の際に気になる場合は、塩もみするか下茹でしてから使うと、扱いやすくなる。煮物、茹で物、蒸し物として登場回数を増やそう。

豆類

豆知識の宝庫
大豆《だいず》

効能
・抗酸化作用
・生活習慣病予防
・貧血予防

Good! 「畑の肉」とも称されるように、肉に匹敵するタンパク質を持つ。さらに、大豆特有のサポニン、イソフラボン、レシチンのほか、カルシウム、鉄、食物繊維、リノール酸、リノレン酸なども含む非常に栄養価の高い食品。多岐にわたる栄養素を豊富に含むアスリート必食の重要食品のひとつ。

Cook! 豆腐、納豆はもちろん、枝豆、がんもどき、きな粉、油揚げ、豆乳なども大豆製品。米に少ないアミノ酸であるリジンを多く含むので、ごはんと食べ合わせることでアミノ酸バランスを補え合える。

和菓子の要 小豆《あずき》

効能
- 整腸作用
- コレステロール低下作用
- 眼精疲労回復

Good! 大豆同様、タンパク質、サポニンをはじめ、カルシウム、カリウム、鉄、銅などのミネラル類が豊富。赤い色素は、眼の疲れの回復や肝機能の向上にはたらくポリフェノールのアントシアニン。皮の部分は残さず食べたい。

Cook! 和菓子の甘さのもとである餡は、小豆が原料。だから、砂糖の甘さの洋菓子よりも栄養価が高い場合が多い。お赤飯やお汁粉など、イベントメニューには欠かさないように。

世界のトッピング 隠元豆《いんげんまめ》

効能
- 抗酸化作用
- 夜盲症予防
- 成長促進

＊さやいんげんの場合

Good! 野菜に分類されるさやいんげんは、種実になってからはなくなってしまうベータカロテンが豊富。ビタミンB群、ミネラル類もバランスよく含む。種実は、カルシウムをはじめとするミネラル類がさやいんげんより多め。

Cook! 未熟なうちに、さやごと食べるさやいんげんと、成熟した種実を食べるうずら豆、虎豆類がある。さやいんげんはサッと茹でてサラダのトッピング。ヨーロッパでは、種実をスープの実にすることも多い。

マメなビーンズ 豌豆《えんどうまめ》

効能
- 抗酸化作用
- 疲労回復
- 糖質代謝促進

Good! 種実より未熟なさやえんどうやスナップえんどう、グリーンピースが一般的。ビタミンC、カリウム、カルシウム、食物繊維が豊富で、ベータカロテン、ビタミンB群も含む。タンパク質も含み、野菜と豆のいいとこ取りなので、単なる添え物扱いではもったいない。

Cook! 残念ながら苦手な若いアスリートが多いグリンピース。缶詰や冷凍ではなく生を味わうと印象が変わることも多い。スナップえんどうをサッと茹でてサラダにすれば食感も変わる。さやえんどうなら煮物や汁物の浮き実、卵とじにも使える。

種子類

スペシャルな凝縮体
胡《ご》麻《ま》

Good! とにかく栄養素の宝庫。カルシウム、マグネシウムなどミネラル類全般、ビタミンE、葉酸、タンパク質、オレイン酸、リノール酸、そしてごま特有のセサミンを含むゴマリグナンなど、盛りだくさん。アスリートにとっては、たかがごまだが、されどごまだ。

Cook! 一回に食べる量が少ないので、いろいろなメニューに活用したい。青菜のごま和え、ラーメンにすりごま、肉にごまだれ、サラダにごまドレッシング、ごはんにふりかけなど工夫次第で使えるシーンはたくさんある。

効能
- 抗酸化作用
- 肝機能向上
- 骨強化

香ばしいミネラル
アーモンド

Good! 身体の酸化を防ぐビタミンEの含有量は食品の中でもトップクラス。三大栄養素をすべてそれなりに含んでいる。不溶性食物繊維も多く、便秘や大腸トラブルの予防になる。ただ、これ自体に脂質が多いので、体脂肪が気になるアスリートは、アーモンドチョコレートの食べ過ぎには、普通のチョコレート以上に要注意。

Cook! 煎りアーモンドをつまむ場合がほとんど。パウダーをお菓子の材料にすると、脂質や糖質がメインの洋菓子に、多彩な栄養素をプラスすることができる。

効能
- 腸内環境改善
- 抗酸化作用
- 骨強化

Bナッツ
落花生《ピーナッツ》

効能
- コレステロール抑制
- 抗酸化作用
- 骨強化

Good! ストレス対抗のパントテン酸、脂質と糖質の代謝に関わるナイアシンを中心にビタミンB群、抗酸化作用のあるビタミンEを含む。コレステロール抑制効果のあるオレイン酸など不飽和脂肪酸、不溶性食物繊維も多い。ミネラルの中ではマグネシウムが豊富。補食のお供に。

Cook! 煎ったものをつまむのが一般的だが、茹でピーナッツなら低カロリーで済む。コクがある味なので、茹でる時の塩加減は少なめから始めよう。

野菜

日本伝統の白球 蕪《かぶ》

効能
- 骨強化
- 抗酸化作用
- 筋肉の動きの正常化

Good! 日本各地でさまざまな品種が作られている伝統野菜。栄養価で見ると、葉のほうが根に比べて圧倒的に高い。葉には、根にはまったく含まれないベータカロテンやビタミンKが豊富。ビタミンKには、血液の凝固作用があるので、ケガ対策としてもはたらく。

Cook! 根は、スープや汁物の具や煮物、蒸し物など応用範囲が広いが、栄養価の高い葉も食べたい。煮付けたり炒めたりすると、手軽な常備菜として使える。

春からの使者 グリーンアスパラガス

効能
- 疲労回復
- 利尿作用
- 高血圧予防

Good! 非必須アミノ酸のひとつであるアスパラギン酸は、アスパラから発見されたことが名前の由来。アスパラギン酸には、有害物質であるアンモニアを体外に排出するはたらきがある。ヨーロッパでは、春を告げる野菜として親しまれているらしい。新年度のスタートを旬の力でサポートしよう。

Cook! 茹でてサラダが一般的だが、シチューやカレー、パスタの具など、応用範囲は意外と広い。穂の独特な食感を活かすには、加熱しすぎないほうがいい。

内臓壁防衛軍 オクラ

効能
- 胃粘膜保護
- 骨強化
- 肝機能強化

Good! 日本語のようだが、オクラは英語名。特徴は、何といっても独特な粘り。その粘りの成分はムチン。ネバネバのイメージ通り、胃粘膜を保護する作用がある。また、肝臓や腎臓の機能を高める作用もあるので、内臓が弱いアスリートは、しっかり食事を食べるためにも、オクラを味方にしたい。

Cook! サッと茹でて刻み、納豆、なめこ、モロヘイヤと和えると究極のネバネバメニューに。手間はかかるが天ぷらもおいしい。タイカレーの具にも合う。

隙のない塊
南瓜《かぼちゃ》

効能
- 抗酸化作用
- 風邪予防
- 粘膜保護

Good! 旬は夏だが、日持ちがするので、冬場の栄養源として冬至に食べる習慣がある。とくに、西洋カボチャは、ベータカロテンが非常に豊富。野菜としては、炭水化物も多いので、エネルギー源にもなる。ビタミンB群、C、K、ミネラル類も満遍なく含んでいるため、食の細いアスリートには助けになる。

Cook! 含め煮が一般的。薄くスライスし、焼き色を付けるだけでもおいしい。裏ごしすればアスリート好みの優しい甘さのあるパンプキンスープに。

頼れる熱耐性
カリフラワー

効能
- 免疫力強化
- 皮膚の保護
- コラーゲン合成

Good! 見た目が似ているブロッコリーに比べて、ビタミンCの含有量は少ないが、熱に強い性質を持つため、加熱調理しても失われにくい特徴がある。また、抗がん作用があるというメチルメサネサイホスルホネートという成分も注目されている。

Cook! 茹でてホックリした食感を楽しむか、シチューやグラタンにも合う。酢漬けにすれば、ピクルスとして常備菜にも。

胃腸の守護神
キャベツ

効能
- 抗潰瘍作用
- 腸内環境アップ
- 骨強化

Good! キャベツから発見された栄養素がある。ビタミンU、別名キャベジン。胃腸薬の名前の由来にもなるほどその抗潰瘍作用は強力。他にも食物繊維、ベータカロテン、ビタミンC、ビタミンKなどアスリートに欠かせない栄養素の宝庫。当たり前の野菜が秘める力を見直そう。

Cook! 煮る、焼く、炒めるとどんな調理法でもいけるが、ビタミンUとCが水溶性で熱に弱い性質を持つことから生で豪快にが栄養価的には一番。煮たり茹でたりすると、カサが減るので量を食べやすい。

滋味ある水分源
胡瓜《きゅうり》

効能
- 水分補給
- 夏バテ予防

Good! 95%が水分なので、夏場の水分補給のサポート役として最適。ビタミンCやカリウム、カロテン、ビタミンB_1、B_2なども含むが量は多くない。栄養価を期待するより、食欲が落ちやすい時期に、その爽やかな香りと食感で食卓に彩りをプラスする役割を果たしてくれる。

Cook! 生で丸かじりするのが、素材を楽しみ、水分を補給するのにふさわしい。ビタミンCを酸化させる酵素を持っているので、ビタミンC源と一緒に食べる際は、酢で酵素のはたらきを抑えるとよい。

腸内浄化の魔法の杖
牛蒡《ごぼう》

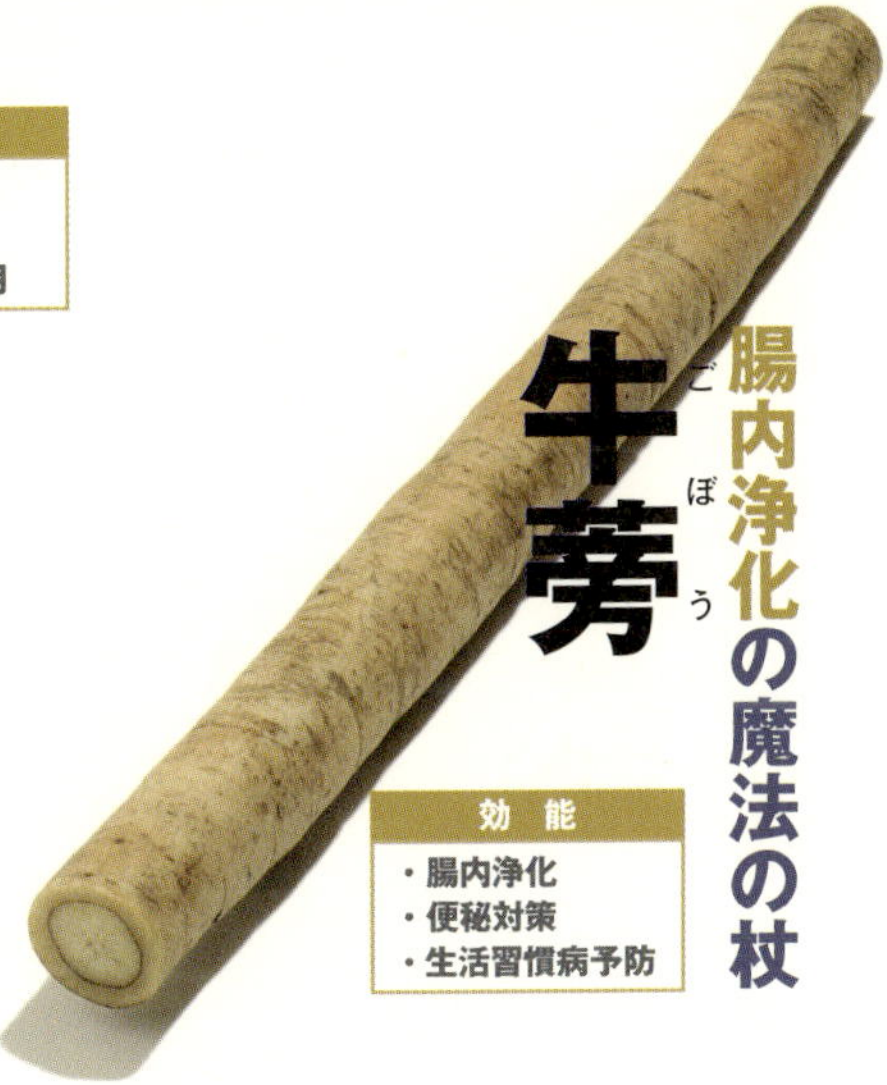

効能
- 腸内浄化
- 便秘対策
- 生活習慣病予防

Good! 食物繊維の宝庫。リグニンなど不溶性食物繊維は、腸内でまったく消化吸収されず、腸内の有害物質の排出に役立つ。また、抗酸化作用があるポリフェノールも含んでいる。食物繊維は、アスリートが不足させやすい栄養素のひとつ。積極的に摂るようにしたい。

Cook! ポリフェノールや独特の風味は皮の周辺に豊富なので、土をよく洗ったら皮はむかずに、包丁で軽くこそぐ程度で調理しよう。きんぴらや豚汁の具の他にも、茹でてゴボウサラダもおいしい。

冬のミネラル貯蔵庫
小松菜《こまつな》

効能
- 骨強化
- 精神安定
- 抗酸化作用

Good! アスリートには、ほうれん草ほど人気がないようだが、ベータカロテン、ビタミンC、カルシウム、鉄、カリウムが豊富。冬場のコンディショニングのお供に、今まで以上に要チェック。

Cook! ミネラル類が豊富なので、茹でることで溶け出した汁とともに食べられる鍋物、雑煮、味噌汁がおすすめ。アクが少ないので調理しやすい。

パワフルな脇役
紫蘇《しそ》

効能
- 食欲増進
- 食中毒予防

Good! 日本古来の香味野菜のひとつ。日本のハーブだ。ベータカロテン、ビタミンC、ビタミンB_2、マンガンなどが豊富だが、量を食べるものではないので、香りと味を楽しみたい。独特の香りには、食欲増進作用や強力な防腐作用がある。夏場のお弁当の痛み防止にも利用できる。

Cook! 刺身のツマで有名な穂じそは、シソの実のこと。シソの葉も刺身を巻いたり、手巻き寿司に入れたり、細かく刻んでパスタに散らしてもおいしい。

骨太な葉
春菊《しゅんぎく》

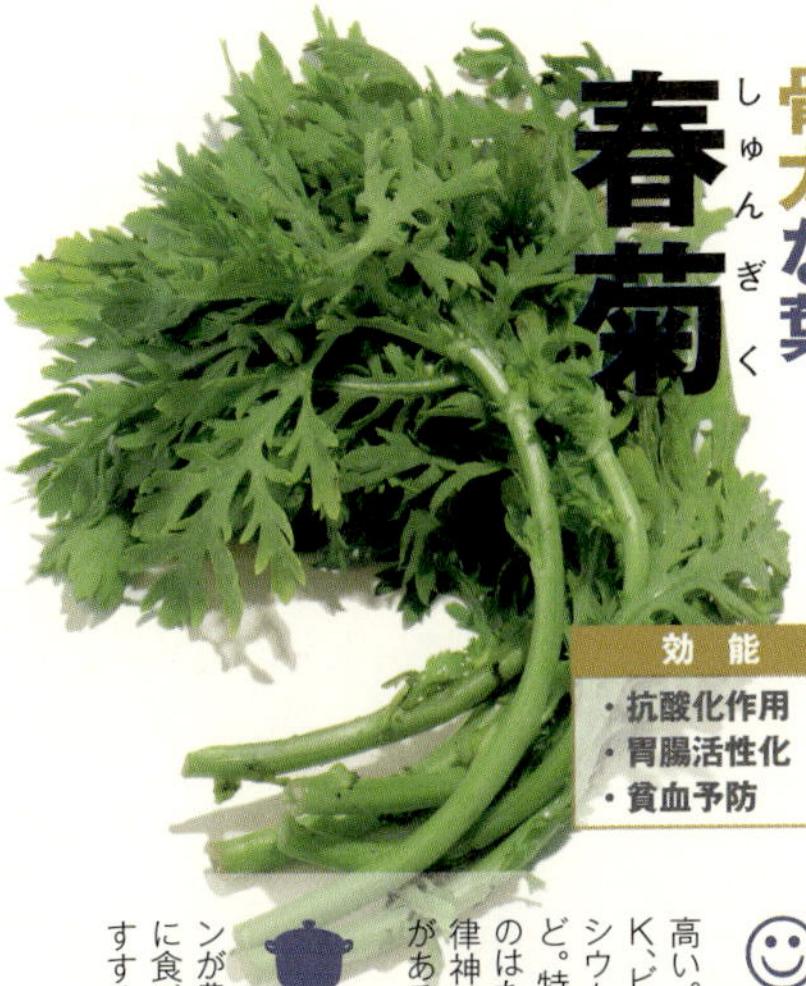

効能
- 抗酸化作用
- 胃腸活性化
- 貧血予防

Good! 独特の風味が、アスリートに敬遠されがちだが、栄養価は非常に高い。ベータカロテン、ビタミンK、ビタミンB_1、B_2、葉酸、カルシウム、鉄、銅、マンガンなど。特有の香りの成分は、胃腸のはたらきを活発にしたり、自律神経を安定させるはたらきがある。

Cook! 新鮮なものは、生で刻んでサラダにしてもおいしい。水溶性ビタミンが豊富なので、茹で汁とともに食べられる鍋物、味噌汁がおすすめ。

香り高きくせ者
セロリ

効能
- 食欲増進
- 精神安定
- 疲労回復

Good! ビタミンB_1、B_2、C、ベータカロテン、カリウムなどを含むが豊富というほどではない。セロリならではの香りには、食欲増進効果があり、特有の風味とともに食卓のアクセントになる。嫌われがちな野菜のひとつだが、炒めたり漬けたり生食したり、調理法の選択肢が多いので、セロリのおいしさに気付くと、アスリートの食生活は一気に広がる。

Cook! 栄養価的には、生食がおすすめ。セロリ独特の風味を満喫できる。海老と炒めたり、中華メニューにも活躍する。浅漬けセロリも常備菜として便利。栄養価の高い葉も使いたい。

アクの強い個性派
筍《たけのこ》

効能
- むくみ予防
- 便秘対策
- 疲労回復

Good! 野菜の中ではタンパク質が多い。食感の通り、食物繊維も豊富。ビタミンB群も含む。春を感じる食材として旬の時期にはぜひ味わいたい。特有の甘さがあるので、たけのこごはんにすればアスリートの食も進むはず。水煮たけのこについている白い粉状のものは、チロシンというアミノ酸なので、食べても大丈夫。

Cook! 機会があれば新鮮なものを刺身で食べるとたけのこの新しいおいしさを発見できる。含め煮や中華の炒め物、たけのこごはんなどいろいろなメニューでたけのこならではの味わいを楽しめる。

食卓の万能選手
大根《だいこん》

効能
- 消化促進
- 胃腸正常化
- 抗酸化作用

Good! 根には、でんぷんの消化酵素であるジアスターゼが豊富。発がん物質の分解作用のある酵素も含む。葉は非常に栄養価が高く、ベータカロテン、ビタミンC、ビタミンB群、ミネラル類をしっかり含む。

Cook! 生、おろし、煮物、汁物、漬け物、酢の物など、メニューはとても豊富。消化酵素を期待するならおろしが最適。葉の栄養価が高いので、葉が多く残っているものを選んで、料理に取り入れたい。

硬軟自在の便利屋
玉葱《たまねぎ》

効能
- 疲労回復
- 抗菌作用
- 生活習慣病予防

Good! 一般的な栄養素はさほど多くないが、個性的な特徴を持つ。辛味成分である硫化アリルには、血栓の予防、ビタミンB_1の吸収を高める作用がある。また、野菜の中では糖質が多いのも特徴。疲労回復に効果があるので、アスリートには欠かせない食材。常温で日持ちするので、キッチンには欠かさないようにしたい。

Cook! 炒める、焼く、茹でる、煮る、新玉ネギは生でも、さらにはカレーなどでは調味料的な役を担うなど、使い勝手が非常によい。皮をむいて使うので、洗う手間もかからない。

隣国の人気者

青梗菜《ちんげんさい》

効能
- 抗酸化作用
- 皮膚の保護
- 風邪予防

Good! 日本でもポピュラーな中国野菜のひとつ。ベータカロテンが豊富で、ビタミンCやB群、ミネラル類も含みながら味にクセがないので、青菜が苦手なアスリートにも食べやすい。年間を通じて価格が安定しているので、緑黄色野菜の量が足りない時は、スープや煮物にプラスしたい。

Cook! 脂溶性ビタミンのベータカロテンが豊富なので、油と一緒に調理すると吸収率が高まる。煮崩れしにくいので、スープなど鍋に入れてそのまま加熱するメニューでも存在感は残る。

紅の抗酸化パワー

トマト

効能
- 抗酸化作用
- 皮膚の保護
- 高血圧予防

Good! 若いアスリートの苦手な野菜にリストアップされてしまうが、栄養価は非常に高い。トマトの赤い色素であるリコペンは、ベータカロテン以上の抗酸化作用を持つといわれる。プチトマトやフルーツトマトなど種類が多いので、メニューによって使い分けて食卓への登場回数を増やそう。

Cook! トマトの水分の多さを嫌がるアスリートがいるが、トマトソースは平気な場合が多い。ほとんどの缶詰トマトは、栄養価が一番高い旬のトマトを材料にしているので、常備しておきたい。

紫紺の抵抗力

茄子《なす》

効能
- 抗酸化作用
- 目の疲労予防
- 肝機能向上

Good! 皮の紫色は、ポリフェノールの一種のアントシアニン。目や肝臓の機能を向上させるはたらきや抗酸化作用がある。日焼けによる活性酸素の害を受けやすい夏場に旬を迎えるので、この抗酸化作用はアスリートにとってありがたい。ビタミンC、B群、ミネラル類も微量ながら含む。

Cook! 油との相性が非常にいい。ただ、油をよく吸うので、体脂肪が気になるアスリートは炒めるよりも、焼いたり味噌汁の具にするほうがおすすめ。

苦み走った良薬

苦瓜《ゴーヤ》

効能
- 健胃効果
- 風邪予防
- 抗がん作用

Good! ゴーヤの名で有名。沖縄のアスリートの秘密兵器だったゴーヤは、今では全国で手に入りやすくなった。苦味の正体であるククルビタシンには、抗がん作用や血圧安定効果があるといわれる。しかし、この苦味がネックで苦手なアスリートも多い。この苦味を克服できれば、大人の味覚に成長した証拠だ。

Cook! 炒めたチャンプルーが有名だが、緑の部分を生のまますり下ろして、リンゴのすり下ろしとオレンジジュースを混ぜれば、爽やかなゴーヤジュースができあがる。

代えなき自己主張

韮《にら》

効能

- 消化促進
- 疲労回復
- 乾燥肌予防

Good! ニラ玉、ニラレバ、餃子などニラでなければ物足りないという必殺メニューを持つ。独特の匂いは、硫化アリル。ビタミンB_1の吸収を高め、疲労回復に役立つ。ニラ自体にもビタミンB_1が含まれるため、栄養効率のいい野菜である。鉄も多く、アスリートの頼れる味方だ。

Cook! 右記の必殺メニュー以外にも、スープの具、炒め物など活用範囲は広い。火の通りがいいので、加熱しすぎないことがおいしさのコツ。

甘き鮮烈

人参《にんじん》

効能

- 抗酸化作用
- 免疫力活性化
- 眼精疲労予防

Good! お馴染みのベータカロテンの名は、ニンジンの英語名であるキャロットが由来。それほどベータカロテンが豊富。1／2個で、推奨量を満たしてしまうほど。ビタミンB群、C、ミネラル類、食物繊維も満遍なく含むので、一般的な野菜として非常に優秀。常備して積極活用したい。

Cook! ベータカロテンは、皮の周りに多いので、皮をむく時は薄めに。また、油と調理することで吸収が高まる。生では、ビタミンCを酸化させる酵素を含むため、サラダにする際は、酢やレモン汁で酵素のはたらきを止めるとよい。

刺激的な誘惑

大蒜《にんにく》

効能

- 疲労回復
- 食欲増進
- 貧血予防

Good! タンパク質や脂質を有効活用するはたらきのあるビタミンB_6の含有量が多い。ビタミンB_1のはたらきを高めるスコルジニンも含み、効率のよいエネルギー産生と疲労回復に貢献する。血液に関わる鉄、銅、また成長促進作用のある亜鉛などのミネラルも豊富。スタミナ野菜のイメージはダテではない。

Cook! 栄養価が高いが、刺激が強い食材なので、食べすぎると胃の負担になる。一日に生なら1片、加熱したものなら3片程度が適量とされる。

食卓の長き伴侶

葱《ねぎ》

効能

- 貧血予防
- 骨強化
- 食欲増進

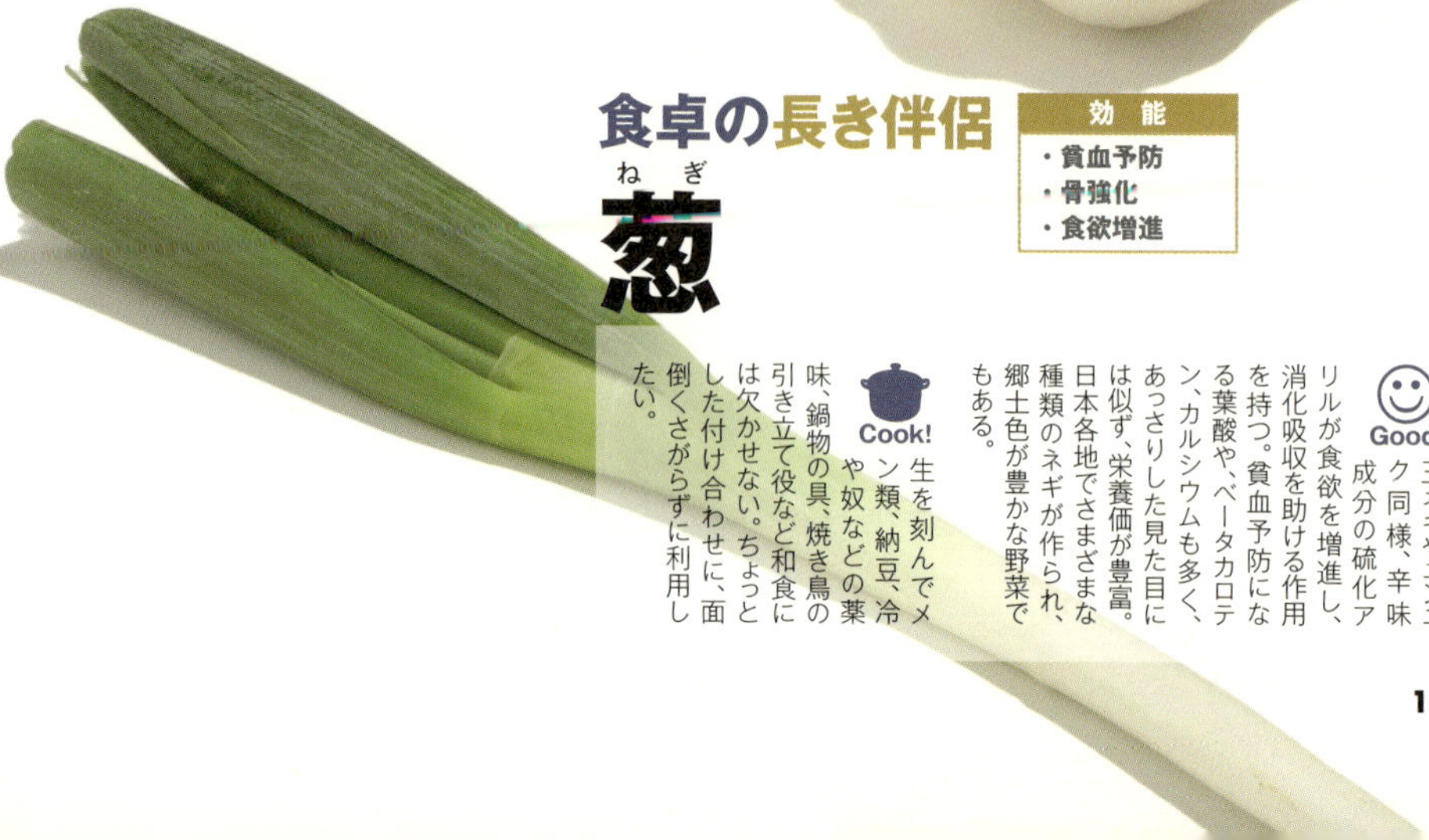

Good! 玉ネギやニンニク同様、辛味成分の硫化アリルが食欲を増進し、消化吸収を助ける作用を持つ。貧血予防になる葉酸や、ベータカロテン、カルシウムも多く、あっさりした見た目には似ず、栄養価が豊富。日本各地でさまざまな種類のネギが作られ、郷土色が豊かな野菜でもある。

Cook! 生を刻んでメン類、納豆、冷や奴などの薬味、鍋物の具、焼き鳥の引き立て役など和食には欠かせない。ちょっとした付け合わせに、面倒くさがらずに利用したい。

淡泊な実力派
白菜《はくさい》

効能
- 消化促進
- 血栓予防

Good! 特別に多い栄養素は持たないが、少ないながらもビタミン・ミネラル類を満遍なく含むうえ、95％以上が水分で、低カロリーであっさりした味わいなので量を食べられるメリットがある。アブラナ科の野菜に含まれるイソチオシアネートを持ち、消化を助けるはたらきもある。

Cook! キムチなどの漬け物や鍋物の具がポピュラーだが、シャキシャキした歯応えを楽しむなら生でサラダがおすすめ。漬け物の場合は、塩分に注意。

実は体育会系
パセリ

効能
- 疲労回復
- 抗酸化作用
- 口臭予防

Good! 下手をすると見なかったことにされやすい野菜だが、栄養価は非常に高い。ベータカロテン、ビタミンB1、B2、C、カルシウム、カリウム、鉄、マグネシウム、銅、食物繊維など、さまざまな栄養素を全網羅的に含んでいる。飾りではなく、野菜として認識しよう。

Cook! サラダに添えるだけで、栄養価が一気にアップする。刻んでパスタやスープに散らしたり、味わいに変化を付けたい時に遠慮せずに活用していきたい。

大人への試金石
ピーマン

効能
- 抗酸化作用
- 貧血予防
- 鉄の吸収促進

Good! ベータカロテンやビタミンCが豊富。緑のピーマンの緑色の色素であるクロロフィル（葉緑素）は、強力な抗酸化作用を持つ。赤や黄色のピーマンは、緑のものよりベータカロテンやビタミンCの含有量が高い。若いアスリートにはピーマン嫌いが多いが、克服してこの栄養価の高さを享受すべし。

Cook! ピーマンのビタミンCは熱に強いので、加熱調理をしても壊れにくい特徴を持つ。カラーピーマンは、緑に比べてクセが少ないので生食向き。

蕾に秘めた底力
ブロッコリー

効能
- 貧血予防
- 風邪予防
- 抗酸化作用

Good! 野菜の中では、ビタミンEが多い。C、B1、B2、K、葉酸も多く、量を食べやすいこともあり、優れたビタミン補給源である。見た目のボリュームに腰が引けるアスリートも多いが、蕾部分は軟らかいので、サラダバーなどで見かけたらすぐに自分の皿に取るようにしたい。

Cook! 欧米のアスリートは、生でサラダとして食べる。水溶性ビタミンをとるには生が最適。茹でる場合は、ほぐれやすいので加熱しすぎに注意。

さりげない存在感

蘖《もやし》

効能
- 利尿作用
- スタミナ強化

Good! 有害物質であるアンモニアを体外に排出するはたらきがあり、疲労に対する抵抗力を高めるアスパラギン酸を含む。突出した栄養素は持たないが、ミネラル類、ビタミンB群を微量ながら含み、量を食べられる野菜なので、それらの立派な補給源になる。モヤシっ子にならないためにもどっさり食べよう。

Cook! 低カロリーなので、油で炒めても総カロリーが高くなりにくい。生で食べられるアルファルファモヤシは、サラダのパワーアップにおすすめ。

バイタリティの象徴

菠薐草《ほうれんそう》

効能
- 貧血予防
- むくみ予防
- 粘膜保護

Good! ほうれん草の栄養素といえば、鉄とベータカロテン。特に、持久系アスリートにとって、貧血予防のために鉄摂取は非常に大切。持久系アスリートは、酸素摂取量が自然と増えるので、活性酸素の害に対抗するベータカロテンもありがたい存在。いきなりポパイのようにはならないが、パワフルな野菜には変わりない。

Cook! 最近のほうれん草は、アクが少なくなっているので、茹で時間は短くても大丈夫。サラダほうれん草であれば、生でほうれん草のパワーの恩恵にあずかれる。

王様からの贈り物

モロヘイヤ

効能
- 夏バテ予防
- 抗酸化作用
- 貧血予防

Good! エジプトでは「王様の野菜」といわれるだけあって、栄養価の高さはまさに王様クラス。含む栄養素のほとんどが野菜の中でトップレベルにある。栄養価が高い割に味にはクセがなく、旬には、価格的にもかなり安くなるので、見つけた時は迷わず食べたい。

Cook! アク抜きの必要があるので、サッと茹でて水にさらして使う。細かく刻んで味噌汁の具にしたり、トマトソースなどにいろいろなものに混ぜ込むと摂れる栄養素が飛躍的にアップ。

高原のプライド

レタス

効能
- 疲労回復
- 貧血予防
- 粘膜保護

Good! みずみずしい味わいながら、ベータカロテン、ビタミンB群、C、K、ミネラル類をほどよく含む。さっぱりした食感なので、生のサラダでも量が食べやすく、加熱するとカサが減るのでさらにたくさん食べやすい。アスリートならチマチマ食べずに、ガッツリと食べたい。

Cook! 栄養素の損失が最小限で済む生食がおすすめ。ただし、チャーハンの具にしたり、油で炒めるとベータカロテンやビタミンEの吸収が高まる。

歯応えある穴
蓮根《れんこん》

効能
- 健胃作用
- 風邪予防

Good! 野菜としては炭水化物が多いので、エネルギー源にもなる。意外に思われがちだが、生のレンコンには、温州みかんよりも多くのビタミンCが含まれている。しかも、熱に強い。粘りの成分はムチン。胃粘膜を保護する作用がある。おせちなどお祝いの席でお馴染みの野菜だが、きんぴらや煮物など常備菜としても活用できる。

Cook! 切り口が黒ずむので、酢水につけたり、酢を少し入れて茹でると白く仕上がる。すり下ろして団子にして調理もできる。スライスしてさっと揚げれば、レンコンチップスにも。

果物

苺《いちご》
可憐な大器

効能
- 風邪予防
- 抗ストレス
- 目の機能向上

Good! フルーツの中でもビタミンCが非常に多い。レモンとは違い、量が食べられるので、実際に摂れる量も期待できる。赤い色の色素は、ポリフェノールのアントシアニン。眼精疲労や肝機能向上にはたらく。食卓に並んだら、アスリートなら10個は食べておきたい。

Cook! 最近は甘いいちごが多いので、そのままつまむのが基本だが、ヨーグルトや牛乳を合わせてその甘さと風味を楽しむのもいい。

冬の常備品
温州蜜柑《うんしゅうみかん》

効能
- 風邪予防
- 抗がん作用
- むくみ予防

Good! 日本の冬の代表的フルーツ。ビタミンCが豊富。特徴的なのは、抗がん作用があるベータクリプトキサンチンが非常に多いこと。これは、オレンジではなく、温州みかん特有のもの。冬は、インフルエンザや風邪の流行りやすい時期。コンディショニングの一環としてみかんは常備しておこう。

Cook! その場でむいて生食が基本。丸ごと携帯でき、皮がむきやすいのが魅力。旬には価格が安定しているのがうれしい。

先人の知恵
柿《かき》

効能
- 抗酸化作用
- 風邪予防
- 抗がん作用

Good! 酸っぱくないので意外かもしれないが、ビタミンCが非常に豊富。干し柿にすると、ビタミンCは激減するが、ベータクリプトキサンチンやミネラル類の含有量が飛躍的に高まる。干し柿は、糖質や食物繊維も多いので、アスリートの補食としてうってつけ。

Cook! ビタミンCを期待するなら生食。干すと栄養価が凝縮され、ミネラル類や食物繊維がアップする。ただし、糖質が多くなる分、カロリーも高くなるので注意が必要。

日の丸抗菌
梅《うめ》

効能
- 食欲増進
- 疲労回復
- 整腸作用

Good! 代名詞のような酸っぱさからわかるとおり、クエン酸が豊富。とくに梅干しは、見ただけで唾液がわくリアルな食欲増進効果や、疲労の原因物質である乳酸を抑制するので、疲労からの速やかな回復にはたらく。食欲が増してたくさん食べることでも疲労からは回復できるので一石二鳥。

Cook! 梅干しの強力な殺菌作用は、夏場のお弁当の味方だが、梅が直接触れている部分にしか効果がないことは覚えておきたい。ごはん全体にその効果を期待するなら、細かく刻んで混ぜ込むのがいい。

ニュージーランド代表
キウイフルーツ

Good! ビタミンCが非常に多い。とくにゴールドキウイは、グリーンの2倍近くのCが含まれている。フルーツの中ではビタミンEが多めで、ベータカロテンも含むので、抗酸化ビタミンのA、C、Eが揃っている。通年で手に入るので、日焼けが気になる季節には活性化酸素対策にぜひ。

Cook! 皮がカップ代わりになるので、朝食のデザートにもふさわしい。タンパク質分解酵素を持つので、肉のソースにすると肉が軟らかくなる。

効能
- 抗酸化作用
- 免疫力向上
- 貧血予防

ほろ苦ジューシー
グレープフルーツ

効能
- 抗酸化作用
- 疲労回復
- 風邪予防

Good! 一般的な果肉が黄色のものより、果肉が赤みのあるピンク、ルビーグレープフルーツには、ベータカロテンが多い。ビタミンC、クエン酸も豊富なので、疲労回復や抵抗力アップにも貢献する。ほとんどが輸入物なので、旬を選ばず食べられる。

Cook! 生食が一般的。医薬品の作用に影響を与える場合があるので、薬を飲んでいる時は、食べるのを避けたほうが無難。また輸入品は表面に防カビ剤が使われていることが多いので、外皮の利用は避けたほうがいい。

真夏の水球
西《すい》瓜《か》

効能
- 水分補給
- 利尿作用
- 抗酸化作用

Good! 水分が多く、一度に量が食べられるので、夏のおいしい水分補給源となる。市販のフルーツジュースよりカロリーが低めなのもうれしい。カリウムが多く、利尿作用があるので、体内の毒素排出にもはたらく。果肉の赤い色素はリコペン。強力な抗酸化作用を持つ。アスリートの夏の必需フルーツ。

Cook! 生でかじりつきたい。塩を振ったすいかは、日本のスポーツドリンクの原点。

純和風の歯応え
梨《なし》

効能
- 血圧降下作用
- 利尿作用
- 疲労回復

Good! 独特のうま味がある割には、栄養価はそれほど高くない。ただし、ひとつが大きく、カリウムが多めなので、利尿作用による疲労回復、新陳代謝の促進が期待できる。シャキシャキした歯応えで、噛む力も鍛えたい。

Cook! 生食に限る。韓国料理では、キムチや冷麺の中にも登場する。

肉食系の友
パインアップル

効能
- 消化促進
- 疲労回復

Good! タンパク質分解酵素のブロメラインを含むので、胃もたれを予防するためにも、肉食後のデザートにふさわしい。ビタミンB群、C、ベータカロテン、ミネラル類を決して多くはないがほどよく含む。

Cook! 生食が基本。シュウ酸や消化酵素を含むため、食べ過ぎると口の中が荒れることもあるので注意が必要。

ロピカルスポーティ
バナナ

Good! フルーツの中では炭水化物が多く、しかも、いくつかの種類の糖質が入っているので、時間差でエネルギーとなるメリットを持つ。食べやすく、腹持ちがいいこともあり、持久系スポーツのエネルギー補給に利用できる。カリウムも多く、体内の毒素排出を促す。マグネシウムも豊富で、他のミネラルとともに骨強化に役立つ。

Cook! 皮をむきながら食べられ、しかも軟らかいので、補給食に最適。

効能
- エネルギー源
- 利尿作用
- 骨強化

鈴なりポリフェノール
葡萄《ぶどう》

効能
- 目の機能向上
- 毛細血管強化

Good! 糖質は多めだが、ビタミンやミネラル類はそれほど多くはない。ただし、干しぶどうにするとミネラル類を中心に濃度が高まる。紫色の皮は、ポリフェノールのアントシアニンが豊富。血管や血圧に好影響をもたらすので、アスリートは注目したい。

Cook! 皮のアントシアニンを利用するためには、ワインは無理でも、グレープジュースで摂ることができる。最近では皮ごと食べられる品種もあるので要チェック。

繊細な旬
桃《もも》

効能
- むくみ予防

Good! 上品な味わいが魅力だが、栄養価的にはそれほど高くない。カリウムが多めなので、利尿作用、毒素排出効果は期待できる。栄養価を求めるよりも、旬の桃ならではの味と心の安らぎを楽しみたい。

Cook! 生食が基本。傷みやすいので早めに食べる。缶詰は、糖分が非常に高いので要注意。

寒さのプレゼント
林檎《りんご》

効能
- 便秘改善
- 新陳代謝促進

Good! 西洋のことわざで「一日一個のりんごは医者いらず」といわれるように、突出した栄養素はないものの、1回に食べる量が多く、少量ずつながらもビタミンとミネラル類を含むため、栄養素フォローのデザートにふさわしい。またりんごポリフェノールを含み、脂肪蓄積の抑制に効果があるといわれている。

Cook! りんごの皮を食べるかどうかが話題になるが、国産品はワックスは使っていない。残留農薬検査も厳密にしているとのことなので、できるならよく洗って皮ごと丸かじりしたい。

きのこ

効能
- 骨強化
- 腸内環境整備
- 疲労回復

細身のスーパーサブ
榎茸《えのきだけ》

Good! 野菜にはほとんど含まれないビタミンDを持ち、カルシウムやリンの吸収を助け、骨や歯の強化に貢献する。また、ビタミンB群が豊富で、エネルギー代謝を活発にし、疲労回復に役立つ。

Cook! 鍋に入れると低カロリーで麺の代わりになる食感をプラスできる。ビン入りでお馴染みの「なめたけ」はえのきたけのしょうゆ漬け。

漆黒のファイバー
木耳《きくらげ》

効能
- 腸内環境整備
- 便秘改善
- 骨強化

Good! きのこのイメージが薄いかもしれないが、立派なきのこ類。しかも、ビタミンDと食物繊維の含有量は、きのこ類の中でNo.1。アスリートが強化したい骨と歯と腸に優れた作用をもたらす重要な食材。

Cook! 乾物を常備しておきたい。比較的早く水で戻せるので、炒め物やスープの具としてどんどん使おう。

世界に通用する旨み
椎茸《しいたけ》

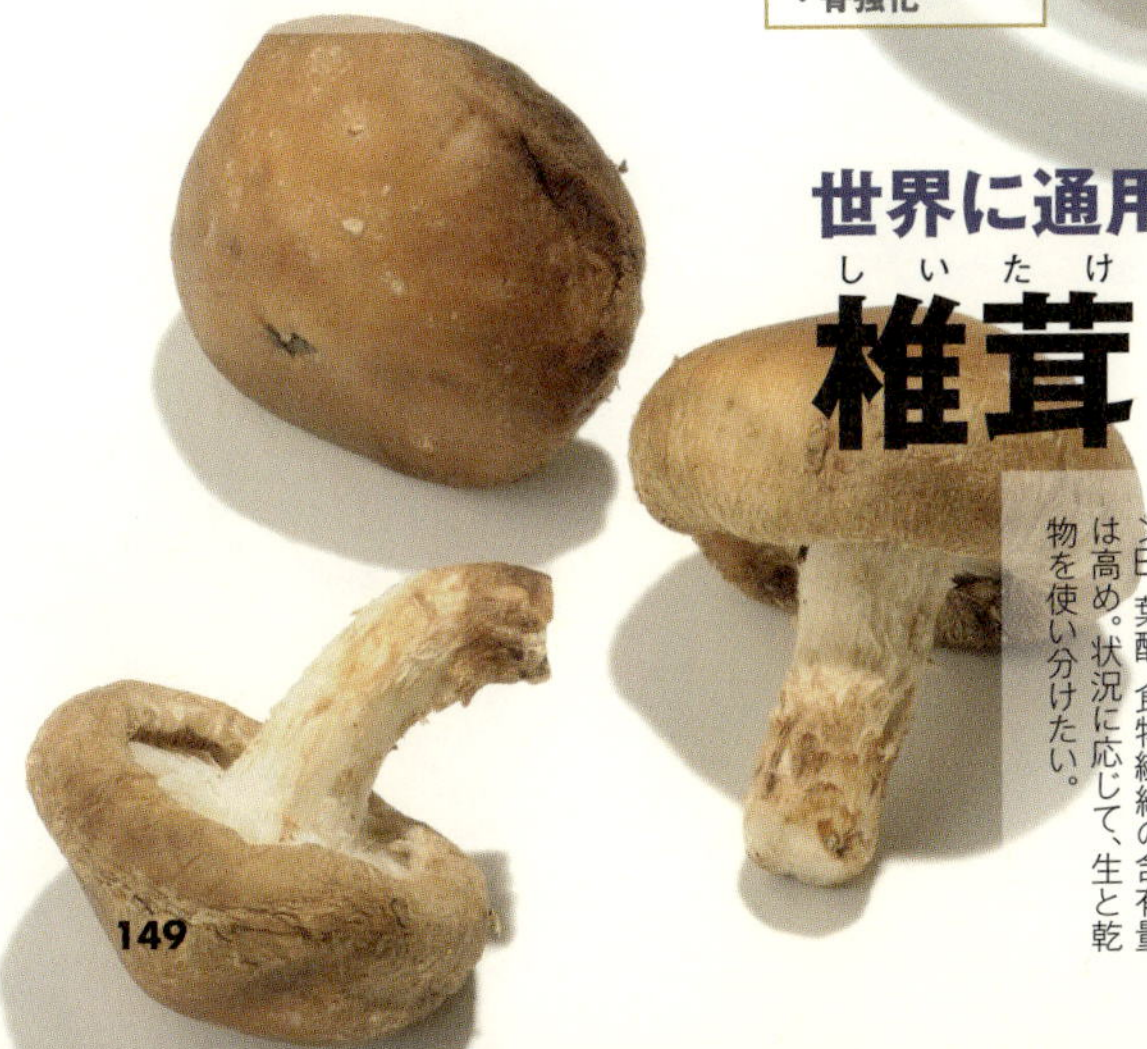

効能
- 骨強化
- 脳の機能向上
- 腸内環境整備

Good! 紫外線に当たることでビタミンDに変わるエルゴステリンを含むので、屋外スポーツのアスリートの骨強化に役立つ。カリウム、ビタミンB群、食物繊維などの栄養素を含むが、栄養素以上に、ダシが取れる旨みが特徴。旨みのもとはグルタミン酸で、脳の機能向上にはたらく。

Cook! 生を茹でたものより、乾物を戻して茹でたもののほうが、ビタミンB_2、葉酸、食物繊維の含有量は高め。状況に応じて、生と乾物を使い分けたい。

味しめじの誇り
占地《しめじ》

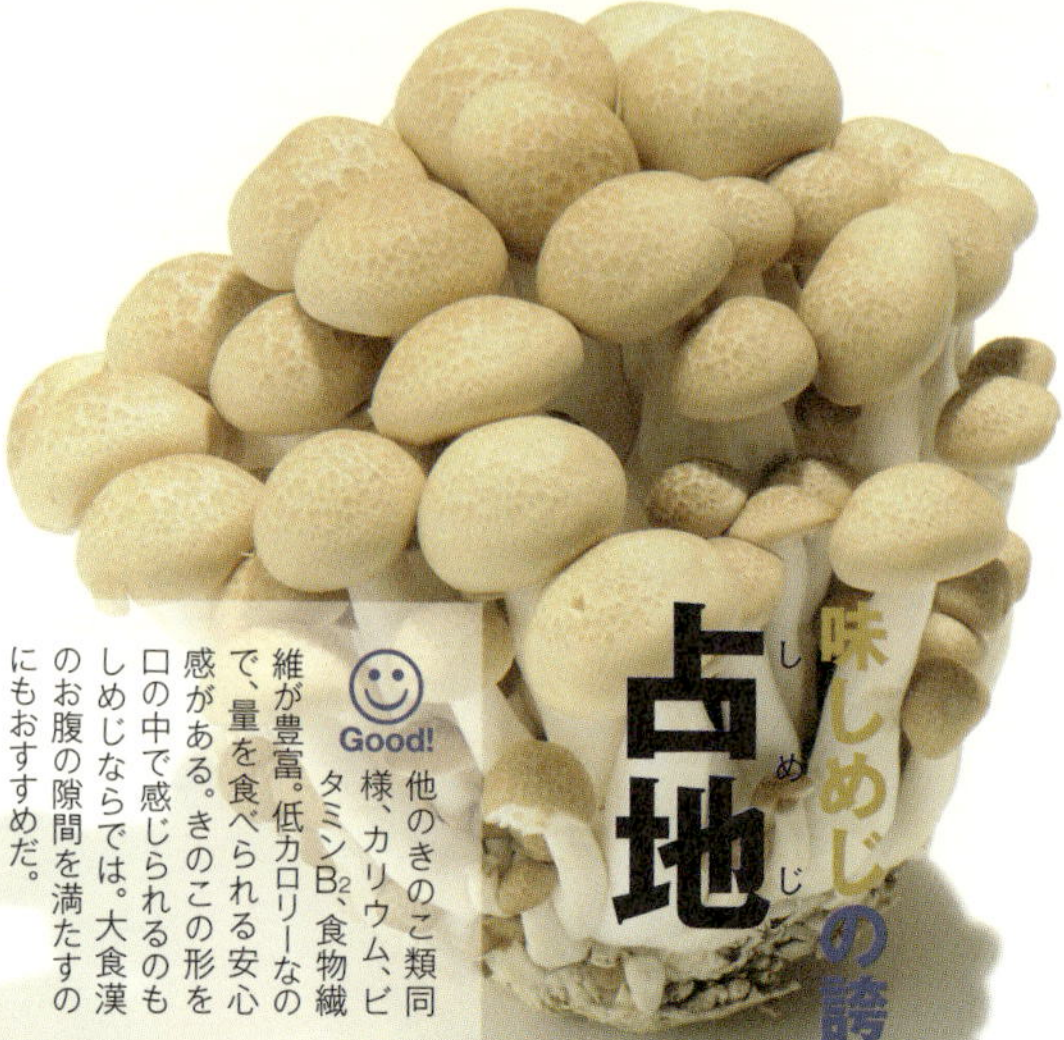

Good! 他のきのこ類同様、カリウム、ビタミンB_2、食物繊維が豊富。低カロリーなので、量を食べられる安心感がある。きのこの形を口の中で感じられるのもしめじならでは。大食漢のお腹の隙間を満たすのにもおすすめだ。

Cook! 茹でたり煮たりしても煮崩れが少なく、歯応えが残るので、汁物や煮物の具でも存在感が出せる。

効能

- 毒素排出
- 腸内環境整備
- 成長促進

ダンシングエキス
舞茸《まいたけ》

効能

- 腸内環境整備
- 免疫力強化

Good! 昔は「幻のきのこ」と珍重されていたが、人口栽培が可能になって一般的なきのこになった。まいたけ特有のベータグルカンはMDフラクションと呼ばれ、免疫力向上のはたらきがあるとされる。と書くと、サプリメント的になるが、まいたけ独特のおいしさを味わいたい。

Cook! 歯応えと独特の香りがあり、天ぷらをはじめ、炒め物、煮物、汁物、焼き物など、利用範囲は幅広い。

海草類

おにぎりの正装
海苔《のり》

効能

- 貧血予防
- 腸内環境整備

Good! 海の食品だけにミネラル類全般が圧倒的に多い。とくに、鉄と鉄のはたらきをよくする銅、鉄の吸収を高めるビタミンCがまとめて含まれているので、貧血が気になる女子アスリートや持久系アスリートは見逃せない。また、ベータカロテンの量も半端ではない。おにぎりに限らず主食との相性抜群。刻みのりとして、そば、うどんや五目寿司にもたっぷりかけよう。

Cook! のりの仲間の青のり（あおさ）は、鉄の含有量が非常に多い。一度に量を食べられるものではないが、焼きそば、納豆、パスタなど機会を見つけて振りかけるといい。

和食の鍵
昆布《こんぶ》

効能
- 便秘改善
- 成長促進
- 抗酸化作用

Good! ミネラルの宝庫。満遍なく含んでいるので、ミネラルバランスの維持に役立つ。また、ヨウ素の含有量は、全食品中でもトップクラス。ヨウ素は甲状腺ホルモンの材料となり、三大栄養素の代謝をよくしたり、心身の健やかな成長にはたらく。ジュニアアスリートは要チェックの海からの贈り物だ。

Cook! おでんの具、煮しめ、昆布巻き、昆布じめなど地味なメニューが多いが、どれも和食のおいしさの象徴。

骨と血の支え
鹿尾菜《ひじき》

効能
- 貧血予防
- 便秘改善
- 骨強化

Good! ミネラルの宝庫。なかでも、カルシウム、鉄の含有量が非常に多い。1回に食べる量はそれほど多くないとはいえ、この含有量があれば無視できない。ベータカロテンもかなり豊富なので、抗酸化作用も期待できる。

Cook! ひじき煮がポピュラー。ひじきごはんでおにぎりを作れば主食でひじきの栄養素を摂れる。がんもどきなどにもひじきが入っているものがあるのでチェック。

渚の多糖類
海蘊《もずく》

効能
- コレステロール低下作用
- 肝機能向上

Good! ミネラル類をはじめ非常に豊かな栄養価を誇った他の海藻に比べると、ビタミン、ミネラル類の含有量はおとなしめ。しかし、ぬめりのもとであるフコイダンは、肝機能向上作用や、コレステロールの低下作用、抗アレルギー作用で注目されている。極めて低カロリーなのもうれしい。

Cook! 酢の物がポピュラー。カップタイプの商品は、朝食の貴重な海藻源として利用しやすい。

海のダイエット応援団
若布《わかめ》

効能
- 便秘改善
- 骨強化
- コレステロール低下作用

Good! ミネラルの宝庫。カルシウムとともに、骨にカルシウムが沈着するのを助けるビタミンKが豊富なので、骨の強化にはもってこい。低カロリーで、肥満予防効果があるといわれるフコキサンチンを含むので太っちょアスリートはちょっと期待したいところ。

Cook! 刺身のツマにつけたら残さないようにしたい。野菜との相性もいいので、サラダに加えるのもおすすめ。

魚

朝食の常連
鯵《あじ》

効能
- 血液と血管の健常化
- 悪玉コレステロール減少作用

Good! ミネラル類、ビタミンB群、体内で作り出せない脂肪酸であるEPA(エイコサペンタエン酸)、DHA(ドコサヘキサエン酸)を適量含んでいる。通年出回り、価格も安定しているので、あじの開きは、しゃけと並んで朝食の魚のおかずの定番。朝から丸ごと一匹食べられる力をつけたい。

Cook! 開きがポピュラー。小あじは南蛮漬けにすると日持ちがするのでいつでも食べられる魚のおかずになる。

清流からの使い
鮎《あゆ》

効能
- 骨強化
- 抗酸化作用
- 貧血予防

Good! 代表的な川魚であるあゆは、内臓も食べることで栄養価は飛躍的にアップする。カルシウム、鉄、亜鉛、ビタミンA、ビタミンD、ビタミンE、そしてビタミンB群を一気に増やすことができる。アスリートなら、頭と骨だけが残る食べ方で攻めたい。

Cook! 塩焼きにすると、内臓まで食べられる。塩焼きに添えられるタデ酢は「蓼食う虫も好き好き」でおなじみの蓼(タデ)を酢と調味料でのばしたもの。苦みの緩和に米飯(粥)を使うこともある。

グローバルな大衆魚
鰯《いわし》

効能
- 血液と血管の健常化
- 悪玉コレステロール減少作用

Good! 青魚の特徴としてEPA、DHAが豊富。肝機能向上や血圧を正常に保つ作用のある、栄養ドリンクの成分としてお馴染みのタウリンも含む。南仏を中心に世界の多くの国でも非常にポピュラーな大衆魚。日本のアスリートも負けてはいられない。なお、かたくちいわしの稚魚がしらす。カルシウムの宝庫。

Cook! 刺身でも焼きでもEPA、DHAの量にはほとんど変化はない。丸干しなら頭から骨まですべて食べられる。

夏のパワーフィッシュ

鰻《うなぎ》

効能
- 抗酸化作用
- 免疫力向上
- 風邪予防

Good! 非常に栄養価の高い魚。ビタミンA、C、E、セレンの抗酸化栄養素をすべて含む。肝も食べれば、鉄、亜鉛のミネラル類、ビタミンB群が一気に強化できる。もちろん、EPA、DHAも豊富。昔からの風習である土用丑の日に食べるのはもちろん、財布との折り合いがつけば積極的に食べたい。

Cook! 蒲焼きや白焼きがポピュラー。できるなら肝も肝吸いや肝焼きとして食べよう。

初と戻りのお楽しみ

鰹《かつお》

効能
- 血液と血管の健常化
- 疲労回復
- 貧血予防

Good! 春に獲れる初かつおより、秋の戻りかつおのほうが脂が乗っていて、EPA、DHAも多い。どちらも皮膚を健康に保つナイアシンをはじめ、ビタミンB群が豊富。色の濃い血合いの部分には、鉄が多いので、貧血気味のアスリートは血合い肉を残さないように。

Cook! 刺身やタタキがポピュラー。タタキの薬味と一緒に漬けにして、唐揚げにしてもおいしい。かつお節にはかつおの栄養価が凝縮されているので、いろいろな料理のトッピングとして活用したい。

橙色の秘密

鮭《しゃけ》

効能
- 抗酸化作用
- 疲労回復

Good! しゃけならではの独特のオレンジ色の正体は、強力な抗酸化作用を持つといわれるアスタキサンチン。ビタミンD、ビタミンB群も豊富。ミネラル類もある程度含んでいるので、栄養価の高いタンパク質源になる。何より、食べ慣れている魚であることもアスリートにはうれしいポイント。

Cook! 栄養価も高く、塩しゃけであれば、塩味もごはんにちょうど合うので、朝食の一品として最適。タンパク質を期待したい補食にも、しゃけのおにぎりはおすすめ。生しゃけは、ムニエル、フライ等洋風メニューとしても人気。

足の早い青背

鯖《さば》

効能
- 成長促進
- 貧血予防
- 口内炎予防

Good! エネルギー代謝に関わり、成長を促進するビタミンB_2の多さは魚の中でもトップクラス。貧血予防にはたらくビタミンB_{12}も豊富。血合い部分が多いので、鉄も多い。EPA、DHAも持ち、栄養価は非常に高い。一般的な魚の割に食卓に上る頻度はあまり多くないようなので、もっと注目したい。

Cook! 脂の乗った秋さばがおいしい。塩焼きの他、しめさばや味噌煮、地方色あふれるさば寿司がポピュラー。さばの生き腐れといわれるように、足が早いので鮮度確認を忘れずに。

秋のスーパースター

秋刀魚《さんま》

効能
- 動脈硬化予防
- 脳の活性化
- 貧血予防

Good! 日本の秋の風物詩。旬の時期は、価格的にも栄養価的にも家庭料理の強い味方になる。EPA、DHA、ビタミンD、ビタミンB群が多い。内臓には、ミネラル類が豊富なので、塩焼きにして骨までしゃぶり尽くそう。

Cook! 刺身やみりん干しも一般的だが、なんといってもさんまの味がわかるのは塩焼き。

北の子持ち魚

柳葉魚《ししゃも》

効能
- 骨強化
- 動脈硬化予防
- 抗酸化作用

※写真はカペリン

Good! 丸ごと食べられる貴重な魚。骨に含まれるカルシウムまで摂れるのは大きなメリット。抗酸化作用のあるビタミンAが魚の中では割と多いほう。子持ち魚ならではの独特の味のコクと食感を楽しみたい。市場ではカペリンを「からふとししゃも」として売っているものが多い。

Cook! 干物に加工されたものが一般的。焼きがおいしい。

上品な縁起物

鯛《たい》

効能
- 抗酸化作用
- 骨強化
- 疲労回復

Good! 鯛の身の赤い部分にも、しゃけ同様アスタキサンチンが含まれている。ビタミンD、ビタミンB群、EPA、DHAが多め。独特の味わいながら淡泊さも持つので、口が脂っこくならず、量が食べられる。試合に勝ったおめでたい席だけではなく、旬の時期には味わいたい魚。

Cook! 独特の粘りのある上品な味を楽しむには、刺身がベスト。鯛飯にすると、骨や皮から溶け出す栄養素を米が吸収し、主食が大きなプラスαを得る。

あっさりした柔軟性

鱈《たら》

効能
- 骨強化
- 抗酸化作用

Good! あっさりしているだけに、ミネラル類やビタミンB群などを適度に含む程度だが、肝機能強化や抗酸化作用があるとされるグルタチオンという栄養素が、他の食品に比べて多い。たらは、魚の中でも低カロリーで、味も淡泊なので、いろいろな料理で食べられることもメリットになる。

Cook! たらこは、ビタミンD、ビタミンEを含み、とくにビタミンB群は非常に多い。摂りすぎはコレステロールと塩分（加工品）の過剰が気になるが、ごはんに合うのは味だけではなく意味もある。

濃厚な出世魚
鰤《ぶり》

効能
- 血液と血管の健常化
- 悪玉コレステロール減少作用

Good! 成長につれ名前が変わる出世魚。脂が乗り濃厚な味わいの青魚だけに、必須脂肪酸のEPA、DHAが非常に豊富。ビタミンB群も多く、血合い部分には鉄が含まれているので、成長期のアスリートに注目してほしい魚のひとつ。ただし、脂が乗る分、エネルギーと脂肪の摂りすぎには注意。

Cook! 刺身、あら汁、ぶり大根、照り焼きなど全体をいろいろな料理で楽しめる。

赤身スタンダード
鮪《まぐろ》

効能
- 貧血予防

Good! 赤身にはタンパク質、血合いには鉄、トロにはEPA、DHAが多く含まれる。丸ごと食べられる魚ではないので、味や価格とともに、必要な栄養素によっても食べる部分を選びたい。ジュニアアスリートも好物な魚だが、水銀の心配があるのでまぐろ一筋にならないように。

Cook! 血合いも含まれるまぐろフレーク（味付け缶）は、ツナに比べ、遠い存在になりがちだが、栄養素は意外と残存しているのでツナ缶とともにこちらも活用したい。

小柄なカルシウム源
鰙《わかさぎ》

効能
- 抗酸化作用
- 骨強化
- 貧血予防

Good! 全食品中でも抗酸化作用を持つセレンの含有量がトップクラス。ただし、セレンは過剰症の心配もあるので、わかさぎばかりたくさん食べるのは避けたい。カルシウムやビタミンDも豊富で、頭から丸ごと食べられるので、骨や歯の強化にもなる。わかさぎは旬を選ぶ魚なので、旬の冬にはぜひ食べておこう。

Cook! わかさぎ自体が低カロリーなので揚げ物もおいしく安心。衣は薄めにすれば、余計な油も摂らず、わかさぎの味も楽しめる。

貝

浅蜊《あさり》

波打ち際の栄養パック

効能
・肝機能強化
・貧血予防
・成長促進

Good! 低カロリーかつアスリート注目の栄養素を多く含む。血圧を正常に保ち、肝機能向上作用のあるタウリン、そしてカルシウムや鉄、健やかな成長に関わるビタミンB_2、貧血予防になるビタミンB_{12}などなど。日本の代表的な貝で、貝の実力を知ろう。

Cook! 貝殻付きはダシがよく出るので、味噌汁や酒蒸し、ワイン蒸しでおいしい。むき身はスープやパスタソースにも。

牡蠣《かき》

ぽってり海のミルク

効能
・エネルギー源
・貧血予防
・新陳代謝促進

Good! 海のミルクの別名通り、さまざまな栄養素を満遍なく含んでいる。エネルギー源となるグリコーゲンが多いのもアスリートにはうれしい。疲労回復やスタミナ不足の解消の助けになる。タウリンも豊富で、その量は１００gの牡蠣で、栄養ドリンク1本分に匹敵するともいわれている。ドリンクに手を伸ばす前に、牡蠣を。

Cook! 生食用があるが、大事な試合前や疲労など体調が万全でないときには避けたほうが無難。加熱するには加熱用のほうがおいしい。フライや焼きでしっかり火を通して味わおう。

蜆《しじみ》

肝に効く小兵

効能
・骨強化
・貧血予防
・肝機能強化

Good! うなぎとともに土用のしじみといわれ、夏バテ予防として食べる習慣があった。骨の形成を助けるマンガン、貧血予防になるビタミンB_{12}が豊富で、タウリンも多い。小粒なので、身を食べるのを面倒がるアスリートも多いが、箸さばきのトレーニングと思って、ぜひ平らげてほしい。

Cook! ミネラル類は水に溶けるので汁まで飲める味噌汁がおすすめ。

相性のうまさ

蛤《はまぐり》

効能
- 骨強化
- 疲労回復

Good! 同じ貝の貝殻しかピッタリと合わないので、相性の良さにちなんでお祝いの席で出されることも多い。低カロリーで、満遍なく含むミネラル類の中でもカルシウムとマグネシウムが豊富。ビタミンB_{12}を含めビタミンB群全般を含むので、不足しやすい栄養素を一気に摂れるチャンスとなる。

Cook! 焼きはまぐりや酒蒸しが一般的。酒蒸しは汁まで飲みたい。

アミノ酸詰め合わせ

帆立《ほたて》

効能
- 抗酸化作用
- 肝機能強化

Good! セレンが豊富で、貝類の中ではベータカロテンも多いので、抗酸化作用が期待できる。タウリン含有量も栄養ドリンク並みといわれる。ひもや生殖巣を取り外した貝柱が単体で流通するのはほたてならでは。貝柱ならではの栄養素はとくにないが、独特な旨みと食感がある。

Cook! 貝柱は刺身や酢の物のタンパク質源に。殻付きのバター焼きは屋台の風物詩。

魚介類

高タンパク甲殻類

海老《えび》

効能
- 肝機能強化
- 疲労回復
- 血圧正常化

Good! 高タンパク低カロリー。多くはないがビタミンB_{12}を含めたビタミンB群を満遍なく含む。タウリンも含まれる。殻には、免疫力強化、肥満予防に効果があるとされるキチンを多く含んでいる。海老焼きなどで気にならなければ殻までバリバリ食べるのもいい。

Cook! 干しさくらえびは、カルシウムが非常に多い。保存も利くので、チャーハンなどのトッピングにどんどん使いたい。

憧れの低カロリー

蟹《かに》

効能
- 肝機能強化
- 血圧正常化

Good! 高タンパク低カロリー。値段や憧れほど実は栄養価は高くない。ただし、タウリンは多めで、赤い部分には抗酸化作用のあるアスタキサンチンが含まれている。かには、栄養素を期待するより、旨みを味わい、スペシャル感を楽しみ、ゆっくり食べざるを得ない状況に集中するというような付随的な意味が大きいのかもしれない。

Cook! 生、焼きはスペシャル。冷凍ものを含め、やはり茹でがにがポピュラー。茹でたかにをほじくり出す。無口になったあとに満足感を語ろう。

お祭り屋台の立役者

烏《い》賊《か》

効能
- 肝機能強化
- 血圧予防
- 血圧正常化

Good! 高タンパク低カロリー。えびやたこ同様、タウリンが豊富。他の栄養素は控えめだが、貧血予防にはたらく銅や、ミネラルバランスを整えるマグネシウムが多め。内臓から墨まで食べられるのも特徴。アスリートなら、お祭り屋台では、チョコバナナよりいか焼きを選ぶべし。

Cook! 刺身、焼きの他、いか飯の主食からスルメのスナックまで、いろいろな食べ方ができる。加工品は塩分が高くなりがちなので注意。

軟体性タウリン

蛸《たこ》

効能
- 肝機能強化
- 高血圧予防

Good! 高タンパク低カロリー。タウリン源の象徴的存在。肝機能強化やコレステロールの減少、高血圧予防などカユいところに手が届くはたらきがある。食べ応えの割に低脂肪でもある。ミネラル類の中では亜鉛が多めで、味覚の正常化に役立つ。

Cook! 刺身か茹で、酢だこが一般的。西日本でポピュラーないいだこはたこの栄養素を丸ごと食べられる。

獣肉

家庭の重要タンパク源
豚《ぶた》

効能
- タンパク質源
- 疲労回復

Good! 日本の家庭料理におけるタンパク質源の代表的存在。牛や鶏に比べてビタミンB群が豊富なので、エネルギー源を効率よく使いたいアスリートにはふさわしい。タンパク質もビタミンB群も赤身に多いので、体脂肪が気になるアスリートは、脂身の少ない赤身肉を狙いたい。たとえば、ロースの赤身と脂身付きでは脂質にして約5倍、カロリーでも約2倍の差がある。

Cook! 利用範囲が広いので好み次第だが、火をよく通すことを忘れずに。

肉好きの免罪符
鶏《とり》

効能
- タンパク質源
- 疲労回復

Good! 豚とともに家庭料理の人気タンパク質源。豚や牛に比べて低カロリーなのが特徴。ビタミンAも多いので、身体の材料とともに、目の正常化や抗酸化作用が期待できる。皮の直下に脂が潜んでいるので、体脂肪が気になるアスリートは、皮と身の間にある脂肪をはいでから食べるとよい。

Cook! 骨付き肉を使うと、骨周りにあるコラーゲンを摂ることができる。ときにはダイナミックに、他の獣肉ではできない「丸ごと」の活用も考えたい。

ジンギスカンの主役
羊《ひつじ》

効能
- タンパク質源
- 体脂肪燃焼作用

Good! ジンギスカンでお馴染みの羊の栄養素的特徴は、カルニチン。体脂肪を燃焼させるはたらきがあるアミノ酸の一種だが、食べすぎた分まで面倒はみてくれない。世界的に見るとポピュラーな肉なので、日本のアスリートも、タンパク質源のバリエーションとして意識してみるのもいい。

Cook! 焼き肉以外でも、カレーやシチューに利用すると目先が変わる。

とっておきのご馳走感
牛《うし》

効能
- タンパク質源
- 貧血予防

Good! ほとんどのアスリートが大好きな肉。豚や鶏に比べると鉄が多い。霜降り肉は脂質が多いので、ジュニアアスリートは大人になってからのお楽しみにとっておきたい。和牛は世界に誇れる品質を持っているので、その誇りを胸に大切に食べたい。

Cook! カレーやシチューなど煮込み料理にスジやスネ肉を使うとコラーゲンを摂ることができる。

卵・乳製品

100点満点の生命力
鶏卵《けいらん》

Good! ここからひとつの生命体を生み出すのだから栄養価の高さはいうまでもない。必須アミノ酸のバランスを評価するアミノ酸スコアでは100点満点。1日1個の卵を食べることで、アスリートの体づくりの要となるアミノ酸のバランスを整えるのに役立つ。

Cook! 「料理の修行は卵料理に始まり卵料理に終わる」と言われるほど奥深い卵。色々なバリエーションを楽しみたい。シンプルなゆで卵は練習前後の補食としても最適。

効能
- タンパク質源
- 成長促進
- 貧血予防

小粒な100点
鶉《うずら》の卵《たまご》

Good! 鶏卵同様、アミノ酸スコアは100。鶏卵に比べると鉄をはじめとするミネラル類やビタミンB群全般が多めだが、量を食べるものではないので、基本的には鶏卵と同じに考えればいい。一口で食べられる味わいと食感はうずらならでは。

Cook! 茹でうずら卵の殻をむくのが面倒であれば、水煮のパックを積極活用しよう。

効能
- タンパク質源
- 成長促進
- 貧血予防

乳離れ後の育ての親
牛乳《ぎゅうにゅう》

Good! 牛一頭を育てるパワーを秘める。気軽に飲め、吸収のよいカルシウム源なので、成長期のアスリートには欠かせない。ビタミンA、ビタミンB_2も多め。飲み物の中では脂肪分を多く含むが、低脂肪、無脂肪等の加工乳も市場に多く出回っている。

Cook! よほど体脂肪が気になるアスリートでなければ、なるべく自然を味わう意味でもそのまま牛乳を飲みたい。そのまま飲むのが苦手なアスリートには料理やデザートの食材として積極的に取り入れよう。

効能
- タンパク質源
- 成長促進
- 骨強化

定番をキッチリ作り込む

食トレ スタンダードレシピ集

日本の食卓が育んできたもの
日本の食卓が取り入れてきたもの
普通のものをしっかりと作り込む
普通のおいしさがわかれば広がっていく。

主 Staple food 食

アスリートは、エネルギーを確実に補給しなければ
戦えません。その源となるのが糖質。
ごはん、麺類、芋類……。おいしく、しっかり
食べられる定番の主食メニューを紹介します。

低脂肪のまま
主食の中に
タンパク質源を
確保

炊き込みご飯

材料(1人分)

米……………………………………1合
鮭(甘塩)…………………………1切れ
A｜酒……………………………大さじ1/2
　｜しょうゆ………………………小さじ1
万能ねぎ(輪切り)…………………適量

作り方

1 米は洗って30分以上水につけておく。
2 1とAを炊飯器に入れ、目盛りに合わせて水を入れる。鮭をのせて炊く。
3 炊き上がったら鮭を取り出し、ほぐして骨を取り、混ぜ合わせる。万能ねぎをのせる。

※すべてのレシピの「*人分」は、一般的な成人1人分を基準にしています。アスリートには、本文を参考に、年齢、競技、期分けにより適宜加減してください。

親子丼

材料（1人分）

ごはん……………………………1膳分
鶏もも肉…………………………1/3枚
玉ねぎ……………………………1/6個
A だし汁…………………………100ml
　しょうゆ………………………小さじ1
　みりん…………………………小さじ2
　塩………………………………少々
卵…………………………………1個
みつば……………………………少々

作り方

1 鶏もも肉は小さめの一口大に切る。玉ねぎは薄切りにし、みつばは刻む。

2 小さなフライパンにAを温め、煮立ったら鶏もも肉と玉ねぎを入れる。

3 鶏もも肉に火が通ったら、溶いた卵を少しずつ流し入れる。卵のまわりが固まり、中心が半熟状態になったら火を止めてふたをして蒸らす。

4 3をごはんの上にのせ、みつばをのせる。

エビピラフ

材料（1人分）

米		1合
むきエビ		6尾
ピーマン		1個
にんじん		1/4本
コーン水煮		大さじ2
A	バター	5g
	サラダ油	小さじ1
塩		小さじ1/4

作り方

1 ピーマンとにんじんは粗みじんに切る。コーンは水気を切っておく。

2 フライパンを熱してAを溶かし、むきエビと1、米を炒める。

3 全体に油がまわったら炊飯器に入れ、塩を加えて目盛りに合わせて水を入れて炊く。

鍋焼きうどん

材料（1人分）

うどん（ゆで）……1玉
鶏もも肉……1/3枚
長ねぎ……1/6本
しいたけ……1枚
卵……1個
かまぼこ……2枚
A
だし汁……300ml
しょうゆ……小さじ4
みりん……小さじ2
塩……少々

作り方

1 鶏もも肉は一口大に切る。長ねぎは斜め切りにする。うどんは熱湯でさっと茹でておく。

2 土鍋にAを入れ、煮立ったら鶏肉を入れる。

3 鶏肉に火が通ったら、うどん、長ねぎ、しいたけ、かまぼこを入れて煮る。

4 3に卵を落とし入れ、ふたをして煮る。

鶏おこわ

材料（1合分）

もち米……1合
鶏もも肉……80g
ごぼう……約10センチ
にんじん……1/4本
いんげん……2本
A だし汁……160ml
　酒……大さじ1
　みりん……小さじ1
　しょうゆ……大さじ1/2

作り方

1 もち米は洗って30分以上水につけておく。鶏もも肉は小さく切る。ごぼうはささがきにし、水にさらす。にんじんはせん切りにする。

2 耐熱ボウルに1とAを入れ、電子レンジで約7分加熱する。いんげんは塩（分量外）を加えた熱湯で茹でておく。

3 一度取りだしてかき混ぜ、さらに5分加熱する。もち米に芯が残っていたら、加熱時間を追加する。

4 10分ほど蒸らす。刻んだいんげんを散らす。

チャーハン

材料（1人分）

ごはん……1膳分
長ねぎ……1/4本
チャーシュー……2枚
なると……3枚
卵……1個
サラダ油……大さじ1
塩・こしょう……少々
しょうゆ……少々

作り方

1 長ねぎ、チャーシュー、なるとは粗みじんに切る。

2 熱したフライパンにサラダ油をひき、割りほぐした卵を入れる。

3 すぐにごはんを入れて炒め、1を加えて炒め合わせる。

4 塩・こしょう、しょうゆで味付けする。

いなり寿司

材料（20個分）

米		2合
油揚げ		10枚
しそ		適量
A	酢	大さじ3
	砂糖	大さじ2
	塩	小さじ1/4
B	だし汁	300ml
	酒	大さじ4
	みりん	大さじ1
	砂糖	大さじ4
	しょうゆ	大さじ3

作り方

1 Aは混ぜて溶かしておく。米はやや固めに炊いておく。

2 油揚げはめん棒などで油揚げの上を転がし、袋状にしやすくする。熱湯を回しかけ、油抜きして水気をきる。

3 ご飯にAを回しかけ、切るように混ぜて冷ます。

4 油揚げは水気を切って半分に切る。鍋にBを入れて落としぶたをし、弱めの中火程度で煮汁がほぼなくなるまで煮る。

5 4が冷めたら軽くしぼり、酢飯を入れる。しそを添える。

ベーコンのトマトソーススパゲティ

材料(1人分)

スパゲティ……80g
ベーコン(塊)……30g
玉ねぎ……1/4個
にんにく……1/2片
バター……10g
トマト水煮缶……1/2缶
はちみつ……大さじ1
塩……適量
パセリ……適宜

作り方

1 ベーコンは棒状に切る。玉ねぎは薄切りにする。にんにくとパセリはみじん切りにする。

2 フライパンにバターと、パセリ以外の1を入れ、炒める。

3 トマトの水煮を加え、トマトを崩しながら弱火で15分煮る。

4 別の鍋で熱湯に塩(分量外)を加え、スパゲティを茹でる。

5 3にはちみつを入れて混ぜ、4を加える。

6 5にパスタの茹で汁を少々加え、塩で味を調える。パセリを刻んでのせる。

グラタン

材料(1人分)

ベーコン……1枚
じゃがいも……1個
玉ねぎ……1/4個
バター……20g
塩・こしょう……少々
小麦粉……大さじ2
牛乳……200ml
顆粒コンソメの素……小さじ1
ピザ用チーズ……30g
パセリ……少々

作り方

1 じゃがいもは水にくぐらせてラップで包み、電子レンジで2～3分加熱して一口大に切る。玉ねぎは薄切り、ベーコンは短冊切りにする。

2 フライパンにバターを溶かし、1を炒めて塩・こしょうをふる。

3 小麦粉をふり入れ、粉っぽさがなくなるまで炒める。

4 牛乳と顆粒コンソメを加えてとろみがつくまで混ぜ、耐熱の器に入れる。

5 ピザ用チーズをのせ、トースターで8分焼く。パセリを刻んでのせる。

お好み焼き

材料（1人分1枚）

キャベツ	1/6個
豚肉（薄切り）	4枚
桜えび	大さじ2
揚げ玉	大さじ2
A　卵	1個
A　小麦粉	100g
A　だし汁（または水）	100ml
サラダ油	小さじ2
ソース	適量
マヨネーズ	適量
青のり	少々
かつお節	適量
紅しょうが	適量

作り方

1 キャベツは太めのせん切りにし、豚肉は一口大に切る。

2 混ぜ合わせたAにキャベツ、桜えび、揚げ玉を加えて混ぜる。

3 フライパンにサラダ油をひき、豚肉の半量を入れて焼く。豚肉の色が変わったら2の半量を流し入れて焼く。

4 3をひっくり返してもう片面も焼く。もう1枚も同様に作る。ソースとマヨネーズをかけ、青のりとかつお節、刻んだ紅しょうがを散らす。

主 main dish 菜

主にタンパク質源を担うおかずのメイン、主菜。
肉、魚、卵などを偏らないようにローテーション。
定番メニューに家庭の隠し味をプラスして、
バリエーションを広げてください。

ハンバーグ

材料（1人分）

	合いびき肉	100g
	玉ねぎ	1/6個
	サラダ油	大さじ1
A	パン粉	大さじ1・1/2
	牛乳	小さじ2
B	溶き卵	大さじ1
	しょうがすりおろし	少々
	塩・こしょう	少々
C	ケチャップ	小さじ2
	ソース	小さじ1
	バター	5g
	にんじん、コーン水煮、ブロッコリー	各適量

作り方

1 玉ねぎはみじん切りにする。Aは合わせてパン粉をふやかしておく。

2 熱したフライパンにサラダ油を半量ひき、玉ねぎを透明になるまで炒めて冷ます。

3 ボウルにひき肉とA、2を入れ、Bを加えて粘り気がでるまでよく練る。

4 手にサラダ油（分量外）をつけ、3のひき肉を小判型に成形する。中心を少し、くぼませる。

5 熱したフライパンに残りのサラダ油をひき、4を両面焼く。火を弱めてふたをし、蒸し焼きにして取り出す。

6 5のフライパンにCを入れて軽く煮詰め、ハンバーグにかける。にんじん、コーン、ブロッコリーを茹でて添える。

ビーフシチュー

材料(2人分)

牛肉(シチュー用)……200g
玉ねぎ……1個
にんじん……1/2本
じゃがいも……2個
ブロッコリー……2～3房
サラダ油……大さじ1
塩・こしょう……少々
赤ワイン……150ml
水……250ml
A デミグラスソース(缶)……1/2缶(約145g)
　トマトケチャップ……大さじ1
　ウスターソース……小さじ2

作り方

1 牛肉は塩・こしょうをしておく。玉ねぎ、にんじん、じゃがいもは一口大に切る。ブロッコリーは塩(分量外)を加えた熱湯で茹でておく。

2 鍋にサラダ油をひき、玉ねぎ、にんじん、じゃがいもを炒めて一度取り出す。

3 同じ鍋で牛肉を焼き、表面に焼き色がついたら2を戻し入れ、赤ワインと水を加えて弱火で煮込む。

4 Aを加え、焦げつかないよう時々かき混ぜながら煮込む。ブロッコリーを添える。

オムレツ

材料(1人分)

卵……3個
A 塩・こしょう……少々
　牛乳……大さじ1
バター……10g
ケチャップ……適量
パセリ……適量

作り方

1 ボウルに卵を割りほぐし、Aを加えて白身を切るようにして混ぜる。

2 フライパンにバターを溶かし、1を流し入れる。

3 卵のふちが固まってきたら、菜箸で円を描くように混ぜる。

4 卵がまだ半熟のうちにフライ返しで卵をまとめる。

5 パセリを添え、ケチャップをかける。

焼き餃子

材料（2人分）

豚ひき肉……100g
白菜……250g（約1/8個）
にら……20g
餃子の皮……1袋
A にんにくすりおろし……1/2片分
　しょうがすりおろし……1/2片分
　しょうゆ……大さじ1/4
　はちみつ……大さじ1/4
　ゴマ油……大さじ1/4
　塩……少々
鶏がらスープ（粉末）……大さじ1/2
サラダ油……適量
ごま油……少々

作り方

1 白菜はみじん切りにしてボウルに入れ、塩（分量外）をひとつまみ入れて混ぜる。にらはみじん切りにする。Aを合わせ、よく混ぜる。

2 1の白菜から水が出てきたら、布巾などで包んでしっかりと水気を絞る。豚ひき肉、にら、Aと合わせ、よく練る。

3 2を餃子の皮で包む。

4 よく熱したフライパンにサラダ油をひき、3を並べて焼く。

5 餃子の表面に軽く焼き色がついたら熱湯を入れ、ふたをして蒸し焼きにする。

6 最後にごま油を回しかけ、器に盛る。

ロールキャベツ

材料（2人分）

キャベツ……4枚
合いびき肉……120g
玉ねぎ……1/4個
にんじん……1/4本
ベーコン……4枚
サラダ油……小さじ1
A 塩・こしょう……少々
　パン粉……大さじ2
　牛乳……大さじ1
B 水……150ml
　コンソメ顆粒……小さじ1
牛乳……150ml
塩・こしょう……少々
パセリ……少々

作り方

1 キャベツは塩（分量外）を加えた熱湯で1枚ずつ茹で、芯の固い部分をそぎ落とす。

2 玉ねぎ、にんじん、キャベツの芯はみじん切りにし、サラダ油をひいたフライパンで炒める。

3 2の粗熱が取れたらひき肉と合わせ、Aを加えてよく練る。

4 3を4等分にして丸め、キャベツで包み、ベーコンで巻いて楊枝などで留める。

5 鍋に4とBを入れて煮る。

6 牛乳を加えてさらに煮て、塩・こしょうで味を調える。刻んだパセリをふる。

かき揚げ

材料（1人分）

干し桜えび	10g
玉ねぎ	1/2個
みつば	1/2束
コーン水煮	大さじ1
A 天ぷら粉	1/2カップ
A 水	1/2カップ
大根おろし	適量

作り方

1 玉ねぎは薄切りに、みつばはザク切りにする。コーンの水気は切っておく。

2 ボウルにAを混ぜ、桜えびと1を加えて混ぜ合わせる。

3 2をお玉などですくい、170℃の油で揚げる。器に盛り、大根おろしを添える。

豚のしょうが焼き

材料（1人分）

豚ロース肉……120～150g
サラダ油……小さじ2
A 酒……大さじ1/2
みりん……大さじ1/2
砂糖……大さじ1/2
しょうゆ……大さじ1
おろししょうが……1/2片分
キャベツ、トマト……適量
マヨネーズ……適量

作り方

1 豚肉は筋を切る。
2 熱したフライパンにサラダ油をひき、1を両面焼く。余分な油はキッチンペーパーで取り除く。
3 合わせたAを加え、からめるようにして焼く。好みの野菜を添える。

アジの南蛮

材料（1人分）

小アジ	4尾
にんじん	1/4本
玉ねぎ	1/4個
万能ねぎ	2本
塩・こしょう	少々
A だし汁	100ml
酢	50ml
みりん	大さじ1
砂糖	大さじ1・1/2
しょうゆ	大さじ1・1/2
赤唐辛子（輪切り）	1本
小麦粉	適量
揚げ油	適量

作り方

1 小アジはぜいごをそぎ、エラと内臓を取り出して洗い、水気をとって塩・こしょうをふる。にんじんはせん切り、玉ねぎは薄切りにする。万能ねぎは小口切りにする。

2 1に小麦粉をまぶし、160℃の油でじっくりと揚げる。Aを混ぜ合わせておく。

3 2のアジが熱いうちに、合わせたAにつける。にんじんと玉ねぎも加えて混ぜ、10分以上漬けておく。

4 器に盛り、万能ねぎを散らす。

コロッケ

材料（1人分）

合いびき肉	50g
じゃがいも	2個
玉ねぎ	1/2個
サラダ油	小さじ2
塩・こしょう	少々
小麦粉	適量
溶き卵	適量
パン粉	適量
揚げ油	適量
ソース	適量
レタス、プチトマト	適量

作り方

1 じゃがいもは皮をむいて一口大に切り、茹でる。柔らかくなるまで茹でたら、熱いうちに潰す。玉ねぎはみじん切りにする。

2 熱したフライパンにサラダ油をひき、玉ねぎとひき肉を炒め、塩・こしょうをふる。

3 1と2を混ぜ合わせ、小判型に成形する。

4 3に小麦粉→溶き卵→パン粉の順につけ、170℃の油で揚げる。

5 ソースをかけ、好みの野菜を添える。

鶏の唐揚げ

材料（1人分）

鶏もも肉……½枚
A 酒……小さじ1
しょうゆ……大さじ1/2
おろししょうが……1/2片分
おろしにんにく……1/2片分
塩・こしょう……少々
溶き卵……1/2個分
小麦粉……大さじ1
揚げ油……適量
サラダ菜、レモン……適量

作り方

1 鶏もも肉は一口大に切り、Aにもみ込んでしばらく置く。
2 1に溶き卵と小麦粉を加えて混ぜる。
3 170℃に熱した油で2を揚げる。
4 サラダ菜、レモンを添える。

サバの味噌煮

材料（1人分）

サバ（切り身）……1/2切れ
ごぼう……4センチ位
にんじん……4センチ位
味噌……大さじ1
A 酒……大さじ1
しょうゆ……大さじ1
砂糖……大さじ1・1/2
水……200ml
しょうが（薄切り）……2枚

作り方

1 サバは皮に切れ目を入れ、ごぼうは縦半分に、にんじんは棒状に切る。
2 小さめのフライパンに1、味噌の半量、Aを入れて煮る。
3 火が通ったら残りの味噌を加え、サバに煮汁をかけながら弱火で味を含ませるように煮る。

牡蠣フライ

材料（1人分）

牡蠣（加熱用）……4個
塩・こしょう……少々
小麦粉……適量
溶き卵……適量
パン粉……適量
揚げ油……適量
ソース、タルタルソース等……適量
キャベツ（せん切り）、レモン……適量

作り方

1 牡蠣は塩（分量外）を入れた冷水でやさしく洗い、水気を拭き、塩・こしょうをふる。

2 1に小麦粉→溶き卵→パン粉の順にまぶしつけ、170℃の油で揚げる。

3 キャベツ、レモンを添え、ソースやタルタルソースをかける。

肉じゃが

材料（1人分）

	牛薄切り肉（豚肉でも可）	120g
	じゃがいも	3個
	にんじん	1/3本
	玉ねぎ	1/2個
	いんげん	3本
	しらたき	70g
	しょうが	1/2片
	サラダ油	大さじ1
	だし汁	400ml
A	酒	大さじ4
	みりん	大さじ3
	砂糖	大さじ3
	しょうゆ	大さじ4

作り方

1 じゃがいもは皮をむいて一口大に切り、水にさらす。にんじんは半月切り、玉ねぎは4等分のくし切りにする。いんげんは塩（分量外）を加えた熱湯で茹でる。しらたきはザク切りにして、熱湯をかける。牛肉は食べやすい大きさに切る。しょうがはせん切りにする。

2 鍋にサラダ油をひき、しょうがと牛肉を炒める。牛肉の色が変わったら、1のいんげん以外の材料を入れて炒める。

3 全体に油がまわったらだし汁を入れて煮る。じゃがいもに竹串が通るくらいまで火が通ったらAを加えて15分程煮る。

4 長さ2cmに切ったいんげんを加え、ひと混ぜする。

とんかつ

材料（1人分）

豚ロース肉（とんかつ用）	1枚
塩・こしょう	少々
小麦粉	適量
溶き卵	適量
パン粉	適量
揚げ油	適量
キャベツ（せん切り）	適量
レモン	適量
ソース・からし	適量

作り方

1 豚肉は筋の部分に切れ目を入れ、塩・こしょうをふる。

2 1に小麦粉→溶き卵→パン粉の順にまぶしつける。

3 170℃の油で揚げる。ひと口大に切り分け、ソースをかける。キャベツ、レモン、からしを添える。

副菜 side dish & Soup スープ

不足しやすい野菜や海藻の補強に使いたい副菜。
溶け出した栄養素まで摂れ、
水分補給にもなる汁物。ここまで揃って、
食卓は理想の形になります。

ナスと油の相性の良さを積極活用

なすとピーマンの味噌炒め

材料（1人分）

なす		1本
ピーマン		1個
ごま油		小さじ2
A	酒	大さじ1
	味噌	大さじ1
	砂糖	大さじ1/2
	しょうゆ	少々
白ごま		少々

作り方

1 なすはヘタを取り、ピーマンは種を取ってそれぞれ乱切りにする。

2 熱したフライパンにごま油をひき、1を炒める。

3 合わせたAを加えて炒め合わせ、白ごまをふる。

野菜炒め

材料(1人分)

豚こま切れ肉……50g
キャベツ……1/8個
玉ねぎ……1/6個
にんじん……2センチ位
ピーマン……1個
もやし……1/4袋
サラダ油……小さじ2
塩・こしょう……少々
しょうゆ……小さじ1/2

作り方

1 豚肉は食べやすい大きさに切る。キャベツはザク切りに、玉ねぎは薄切りに、にんじんは短冊に切り、ピーマンは細切りにする。

2 熱したフライパンにサラダ油をひき、豚肉を炒める。色が変わってきたら野菜を加えて炒める。

3 塩・こしょうを入れて、最後にしょうゆを回し入れ、ひと混ぜする。

ポテトサラダ

材料（1人分）

ハム……………………………1枚
きゅうり………………………1/3本
じゃがいも……………………1個
にんじん………………………1/6本
コーン水煮……………………大さじ1/2
A｜マヨネーズ………………大さじ1
　｜塩……………………………少々
　｜ブラックペッパー…………少々

作り方

1 きゅうりは輪切りにして、塩（分量外）をふってしんなりさせる。じゃがいもは皮をむき、一口大に切る。ハムは短冊に、にんじんはいちょう切りにする。

2 じゃがいもとにんじんを茹でる。にんじんは火が通ったら取り出す。じゃがいもは柔らかくなったら取り出し、熱いうちに潰す。

3 2にハム、にんじん、コーン、水気を絞ったきゅうりを入れ、Aを加えて混ぜる。

だし巻き卵

材料（1人分）

卵…………………………………3個
A｜だし汁……………………大さじ3
　｜酒…………………………小さじ2
　｜みりん……………………小さじ1
　｜しょうゆ…………………小さじ1/2
　｜塩…………………………少々
サラダ油………………………適量
大根おろし……………………適量

作り方

1 卵は割りほぐし、泡立てないように白身を切るようにして混ぜる。

2 Aを加えてさらに混ぜる。

3 卵焼き器にサラダ油をひいて余分な油をペーパーでふき取り、2を1/4量程流し入れる。

4 菜箸で円を描くように卵を混ぜ、奥から手前に向かって巻いていく。これを3回繰り返す。

5 食べやすい大きさに切り、器に盛って大根おろしを添える。

筑前煮

材料（2人分）

鶏もも肉	1/2枚
にんじん	1/2本
ごぼう	1/3本
れんこん	50g
茹でたけのこ	50g
こんにゃく	1/3枚
干ししいたけ	4枚
きぬさや	4枚
サラダ油	大さじ1
A だし汁	200ml
A 酒	大さじ1・1/2
A みりん	大さじ1
A 砂糖	小さじ2
A しょうゆ	大さじ1・1/2

作り方

1 干ししいたけはぬるま湯で戻しておく。にんじん、ごぼう、れんこん、たけのこは一口大の乱切り、鶏肉とこんにゃくは一口大に切る。きぬさやは塩（分量外）を加えた熱湯でさっと茹でる。

2 鍋にサラダ油をひき、きぬさや以外の1を入れて炒める。鶏肉の色が変わったら、鶏肉だけ一度取り出す。

3 2にAを加えて煮立たせ、鶏肉を戻し入れて10～15分煮る。

4 きぬさやを添える。

茶碗蒸し

材料（2人分）

鶏もも肉	1/4枚
しいたけ	2枚
かまぼこ	2切れ
ゆで銀杏	好みで2個
卵	1個
A だし汁	150ml
A みりん	小さじ1
A 薄口しょうゆ	小さじ1/2
A 塩	小さじ1/4
みつば	少々

作り方

1 鶏もも肉は小さく切る。しいたけは石づきを取り、飾り切りをする。みつばは長さ3cmに切る。

2 ボウルに卵を割りほぐす。Aを少しずつ加えて泡立てないように静かに混ぜ、漉し器で漉す。

3 耐熱の器に鶏肉、しいたけ、かまぼこ、好みで銀杏を入れ、2を静かに注ぐ。

4 蒸気の立った蒸し器に入れて弱火で10分蒸し、火を止めて蒸らす。最後にみつばを添える。

わかめとタコの酢の物

材料（1人分）

茹でタコ（足）……1/2本
きゅうり……1/2本
乾燥わかめ……小さじ1
白ごま……少々
A だし汁……大さじ2
　酢……大さじ1
　砂糖……小さじ1/2
　塩……少々

作り方

1 タコは薄い輪切りにする。きゅうりは薄切りにし、塩（分量外）をふってしんなりさせる。わかめは水につけてもどす。

2 Aを合わせてよく混ぜ、砂糖をしっかりと溶かす。きゅうりとわかめの水気を絞り、タコといっしょに和える。白ごまをふる。

きんぴらごぼう

材料（1人分）

ごぼう……1/4本
にんじん……1/6本
白ごま……少々
サラダ油……小さじ2
酒……小さじ1
砂糖……大さじ1/2
しょうゆ……大さじ1/2

作り方

1 ごぼうは皮をこそいでマッチ棒程の棒状に切り、水に放つ。にんじんはごぼうの長さにそろえて切る。

2 鍋にサラダ油をひいて1を炒める。

3 ごぼうに火が通ったら酒と砂糖を加えて炒める。

4 最後にしょうゆを加えて炒め合わせ、白ごまをふる。

ほうれん草のごま和え

材料（2人分）

ほうれん草……1/2束
A 黒すりごま大さじ……1・1/2
　酒……小さじ1
　砂糖……小さじ2
　しょうゆ……大さじ1/2

作り方

1 ほうれん草は塩（分量外）を加えた熱湯で茹で、水にとる。

2 1の水気をしっかりと絞り、長さ3cmに切る。

3 Aを合わせて混ぜ、2を加えて和える。

ひじきの煮物

材料（2人分）

乾燥ひじき	15g	A だし汁	100ml
油揚げ	1/2枚	酒	大さじ1
にんじん	1/4本	砂糖	小さじ2
しょうが	1/2片	みりん	小さじ1
サラダ油	小さじ2	しょうゆ	大さじ1

作り方

1 乾燥ひじきはさっと洗って、20分ほど水につけてもどす。油揚げは熱湯をかけて水気を切り、幅1cmに切る。にんじん、しょうがはせん切りにする。

2 鍋にサラダ油をひき、しょうがと水気を切ったひじき、にんじん、油揚げを炒める。

3 全体に油がまわったらAを加えて煮る。

鉄の補給には
欠かせない
常備小皿

箸が止まらぬ
命を生み出す
豆本来の味わい

ひたし豆

材料（作りやすい分量）

ひたし豆（青大豆）	1袋（200g）
塩	小さじ1
だしの素	4g
水	200ml
しょうゆ	20ml
みりん	20ml
輪切り唐辛子	適宜

作り方

1 豆を水洗いし、4～5倍量の水に塩を加えて2～3時間程漬ける。

2 漬け汁と一緒に火にかけ、途中でアクをとり、差し水をし、柔らかくなるまで1時間ほど煮たらザルにあける。

3 容器にだしの素を200mlの水に溶かし、しょうゆ、みりん、好みで輪切り唐辛子を入れ、2を30分ほど漬ける。

※ひたし豆は種類によって、漬け方、煮方が異なります。製品の袋等に記載されている方法を優先してください。

食卓も弁当も
安心できる
スーパーサブ

けんちん汁

> 品目を稼げる
> あっさり風味の
> お吸い物強化版

材料（約２人分）

ごぼう……1/4本
にんじん……1/5本
大根……3センチ位
こんにゃく……1/3枚
豆腐（木綿）……1/3丁
しょうが……1/2片
万能ねぎ……2本
ごま油……小さじ2
だし汁……500ml
A 酒……大さじ1・1/2
みりん……大さじ1/2
しょうゆ……小さじ1
塩……小さじ1/2

作り方

1 ごぼうは皮をこそいでささがきにし、水に放つ。にんじんと大根はいちょう切りに、こんにゃくは熱湯をかけてから短冊に切る。豆腐は水を切り、手で大きめにちぎる。しょうがはすりおろす。万能ねぎは小口切りにする。

2 鍋にごま油をひき、豆腐、にんじん、ごぼう、大根、こんにゃくを炒める。

3 全体に油がまわったらだし汁を入れ、根菜類に火が通ったら火を弱める。

4 Aを入れてひと混ぜする。万能ねぎをのせる。

豚汁

> タンパク質に
> 他種の野菜で
> 一品完結おかず

材料（約２人分）

豚バラ薄切り肉……40g
ごぼう……1/4本
にんじん……1/5本
大根……3センチ位
長ねぎ……1/4本
しょうが……1/2片
油揚げ……1/2枚
サラダ油……小さじ1
だし汁……500ml
味噌……大さじ2
しょうゆ……少々

作り方

1 ごぼうは皮をこそいで斜め切りに、にんじんと大根はいちょう切りにする。長ねぎはぶつ切りに、油揚げは熱湯をかけて油抜きし、短冊に切る。しょうがはせん切りにする。

2 鍋にサラダ油としょうがを入れ、豚肉を炒める。豚肉の色が変わったら、ごぼう、にんじん、大根を炒める。

3 油が全体にまわったらだし汁を加え、根菜類に火が通ったら火を弱め、長ねぎを加え、味噌を溶かし入れる。しょうゆを加えてひと混ぜする。

にら玉しいたけの中華スープ

材料（約２人分）

にら……1/2束
しいたけ……3枚
卵……1個
A 水……400ml
中華スープの素（顆粒）……小さじ2
酒……大さじ1
塩・こしょう……少々
ごま油……適量

作り方

1 にらはザク切り、しいたけは石づきを取って薄切りにする。卵は割りほぐす。
2 鍋にAを入れ、煮立ったらしいたけとにらを入れる。
3 再び煮立ったら菜箸などで卵を細くまわし入れ、塩・こしょうで味を調える。
4 器に盛り、ごま油を回しかける。

つみれ汁

材料（約２人分）

いわし……2尾
大根……3センチ位
にんじん……1/6本
油揚げ……1/2枚
しょうが……1片
万能ねぎ……2本
A 片栗粉……適量
塩……小さじ1/4
だし汁……500ml
味噌……大さじ2
薄口しょうゆ……少々

作り方

1 いわしはおろして細かく切ってたたく。しょうがはすりおろして、Aと一緒にいわしに混ぜる。
2 大根、にんじんはいちょう切りに、油揚げは熱湯をかけて油抜きし、短冊に切る。万能ねぎは小口切りにする。
3 鍋にだし汁、大根、にんじんを入れ、煮立ったら1を丸めて入れる。
4 再び煮立ったら油揚げを入れて火を弱め、味噌を溶き入れ、しょうゆを加える。
5 器に盛り、万能ねぎを散らす。

ミネストローネ

材料（2人分）

にんじん	1/5本
セロリ	1/4本
玉ねぎ	1/2個
パプリカ（黄色）	1/4個
ズッキーニ	1/4本
にんにく	1片
オリーブオイル	小さじ1
A　水	300ml
A　コンソメ（固形）	1個
A　ホールトマト（缶）	1/2缶
塩・こしょう	少々

作り方

1 にんにくは粗みじん切り、ほかの野菜は角切りにする。

2 鍋ににんにくとオリーブオイルを入れ、1の野菜を炒める。

3 全体に油がまわったらAを入れて煮る。アクがでたら、その都度すくう。

4 塩・こしょうで味を調える。

コーンスープ

材料（2人分）

じゃがいも	1個
コーン水煮缶	150g
バター	10g
A　水	300ml
A　コンソメ（固形）	1個
牛乳	50ml
生クリーム	50ml
塩・こしょう	少々

作り方

1 じゃがいもは皮をむいて薄切りにし、水にさらす。コーンは水気をきる。

2 鍋を熱してバターを溶かし、1を炒める。

3 2にAを加えてふたをし、蒸し煮にする。

4 じゃがいもが柔らかくなったら、ミキサー（またはフードプロセッサー）にかけてザルで漉す。

5 4を再び鍋に戻し、牛乳を加えて中火にかける。沸騰直前に生クリームを加えて混ぜ、塩・こしょうで味を調える。飾りにコーン（分量外）をのせる。

参考文献

栄養食事療法シリーズ6　小児・学童期の疾患と栄養食事療法
渡邊早苗・寺本房子　他編　建帛社

環境汚染からみたアレルギーとのつきあい方　アレルギーっ子の生活百科　第三版
角田和彦著　近代出版

最新版　からだに効く栄養成分バイブル
中村丁次監修　主婦と生活社

小・中学生のスポーツ栄養ガイドブック
樋口満監修　他著　女子栄養大学出版部

食品解説つき　新ビジュアル食品成分表　増補版
「新しい食生活を考える会」編著　大修館書店

公認アスレチックトレーナー専門科目テキスト9　スポーツと栄養
樋口満　他著　日本体育協会

スポーツの栄養学　トレーニング効果を高める食事
藤井久雄編著　他著　アイ・ケイコーポレーション

栄養科学シリーズNEXT　スポーツ・運動栄養学
加藤秀夫・中坊幸弘編　講談社サイエンティフィク

アスリートのための栄養・食事ガイド
（財）日本体育協会スポーツ医・科学専門委員会監修　小林修平・樋口満編著　第一出版

会社別・製品別　市販加工食品成分表　改訂第8版
香川芳子監修　女子栄養大学出版部

食品成分最新ガイド　栄養素の通になる
上西一弘著　女子栄養大学出版部

野球食
海老久美子著　ベースボール・マガジン社

野球食Jr.
海老久美子著　ベースボール・マガジン社

出回り期が長い食用植物のビタミンおよびミネラル含有量の通年成分変化[1][2]
辻村卓・日笠志津・荒井京子〈ビタミン72巻11号（11月）1998〉

食材別 INDEX

本書で紹介したり、レシピに
登場した食材を探すのに
役立てて下さい。太字は P.131～の
「アスリートを育む食材 100 選」で
紹介した食材です。

著者プロフィール

海老久美子《えびくみこ》 立命館大学スポーツ健康科学部・同研究科教授

管理栄養士。公認スポーツ栄養士。博士（栄養学）。国立スポーツ科学センター客員研究員。神戸学院大学客員教授。全日本アマチュア野球連盟選手強化部医科学委員。JOC強化スタッフ（硬式野球・医科学スタッフ）。NPO法人日本スポーツ栄養研究会理事。東京都武蔵野市食育と給食を考える会評議員。

2007～2008年、北京オリンピックでは日本選手団に対する現地食環境調査、JOC強化指定選手の栄養サポートを担当。新聞、雑誌等にも栄養・健康に関する執筆も手がけている。著書に「野球食」「野球食Jr.」「勝てる体をつくる 野球食レシピ36」（ベースボールマガジン社刊）「30代男のメシの食べ方」（学研刊）等。

STAFF

レシピ・料理制作	しらいしやすこ
調理助手	牧島奈津子
撮影	原田真理（スタジオダンク）
イラスト	おおさわゆう
本文デザイン	鈴木真未子（スタジオダンク）
校正	水野秀樹
編集協力	スタジオダンク
写真協力	田中つとむ
	株式会社オメガ社

アスリートのための食トレ
栄養の基本と食事計画

・協定により検印省略
著　者　海老久美子
発行者　池田　豊
印刷所　萩原印刷株式会社
製本所　萩原印刷株式会社
発行所　株式会社池田書店
〒162-0851　東京都新宿区弁天町43番地
電話03-3267-6821(代)／振替00120-9-60072

落丁、乱丁はおとりかえいたします。

ISBN978-4-262-16330-7

1001310